W0307100

INCLURE

Dénis Cieslik

INCLURE

Préface de Philippe de Villiers

MAGNUS

PRÉFACE DE PHILIPPE DE VILLIERS

En suivant les pérégrinations de Théophile Liviu, le protagoniste du roman de Dénis, vous découvrirez un monde nouveau, le monde que nous promettent, sciemment ou non, nos adversaires idéologiques. Un monde où l'humour n'a plus cours, où les mots sont des pièges, où les hommes sont voués à tomber. Le regretté Philippe Muray disait des tenants de l'ordre médiatique : « Ils ne risquent pas de déraper, ils sont le verglas. » Avec *Inclure*, Dénis imagine la France après vingt années d'exercice d'un pouvoir de glace. Embastillé pour une blague potache, Théophile ne sait pas qu'il vient d'entamer une véritable descente aux enfers. La trame effrénée de ce roman nous fait parcourir les principales facettes d'un système méthodiquement vermoulu ; certains passages ne rougiraient pas d'être comparés aux procès de Moscou, grande époque dont nos amoureux de la rééducation morale n'admettront jamais qu'elle est un modèle pour eux. Heureusement, Dénis fait preuve de suffisamment d'humour pour qu'on ne tombe pas dans le simplisme. En effet, qui le connaît sait combien cet homme est drôle. À ce titre, il eût été scandaleux que son premier livre fût terne, rébarbatif, moralisateur. Laissant cela aux manuels de sociologie, Dénis nous offre un conte trépidant avec, en creux, une morale. Il ne s'agit donc pas simplement de rire de Théophile, mais de saisir de quoi il est le présage. Devant ses déboires, le lecteur assiste à la perdition d'un homme simple ballotté par un système politique vicié. Ne le condamnez pas trop vite, car sa seule faute est de n'avoir pas su faire preuve de courage. Ou plutôt si, il fit preuve d'un courage idiot, il s'appliqua à faire réussir un plan qu'il ne comprenait pas et qui devait inéluctablement mener à sa perte. En cela, je crois que Théophile dit beaucoup de nous, des dangers qui nous guettent, des bassesses dont sont capables ceux qui privilégient leur confort aux dépens de leur honneur.

La leçon qu'on peut tirer de ce roman est la suivante : des compromissions de chacun viendra le malheur de tous.

Enfin, les plus optimistes d'entre nous pourront brandir ce livre comme un formidable motif d'espoir : en mettant à nu les récifs où l'idéologie woke compte envoyer le navire France, l'auteur ne nous souffle-t-il pas qu'il est encore temps de redresser la course ?

J'espère que vous apprécierez ce livre autant que moi. Bonne lecture !

2042

PROLOGUE

Article du journal *Le Monde*, édition du lundi 12 mai 2042.
ÉDITION SPÉCIALE ÉLECTION PRÉSIDENTIELLE

DIALLO ÉLUE PRÉSIDENTE DE LA RÉPUBLIQUE

Pour la première fois depuis sa création il y a plus de dix ans, le Parti Inclusif (PI) s'installe à l'Élysée. Avec un score de 53,6 %, la candidate de soixante-quatre ans remporte l'élection présidentielle face à son concurrent d'extrême droite, M. Jordan Bardella. Ce dernier échoue donc à porter son parti au pouvoir pour sa première candidature depuis le retrait de la vie politique de Mme Le Pen.

Le déroulement de la soirée

Une immense clameur se libère des 80 000 personnes réunies place de la Bastille. Il est 20 heures. Sur les six écrans géants installés pour l'occasion, le visage de la nouvelle présidente apparaît. Les sympathisants de la candidate inclusive peuvent enfin exulter. Des jeunes et des moins jeunes communient ensemble autour des drapeaux arc-en-ciel déployés sur la scène. Malgré un score plus serré que prévu et un front républicain moins solide que lors des dernières élections, les partisans de celle qu'ils appellent affectueusement « Rokhy » (N.D.L.R., diminutif de Rokhaya) n'en démordent pas : c'est un moment historique pour le pays. « C'est un immense espoir pour nous les étrangers ! Rokhaya va faire ce qu'il faut pour arrêter les discriminations envers les Noirs et les Arabes, par exemple à l'embauche », témoigne Sékou, un Malien sans emploi installé en France depuis six ans qui a pu voter pour la première fois (N.D.L.R., grâce à la Loi de 2039 relative au vote des étrangers). Au milieu des drapeaux LGBT, français, algériens, et bretons, un mot d'ordre revient. « Ce sont les fachos qui l'ont mauvaise ce soir ! On ne laissera jamais la place à l'extrême droite. J'avais déjà défilé il y a quarante ans contre Jean-Marie Le Pen, aujourd'hui je célèbre la défaite de ses successeurs », ajoute Marlène, femme au foyer de cinquante-sept ans. Dans la foule festive, des acteurs de cette célébration demeurent cependant plus pragmatiques, comme Julien, doctorant en économie et partisan de la présidente élue : « Bien sûr, le volet social est important, mais je pense que cette victoire est aussi une excellente chose sur le plan économique. Rokhaya Diallo a un programme de relance qui devrait soutenir la consommation, et donc la croissance, et *in fine* le niveau de vie. » Pour lui, la question de la dette publique (actuellement 145 % du PIB) soulevée par les opposants est un faux problème : « En économie, il y a ce que l'on appelle le multiplicateur keynésien, pour un euro investi, l'État en récupère deux. Après vingt-cinq ans de néolibéralisme et d'appauvrissement généralisé, il était grand temps de changer de paradigme ! »

Peu après l'annonce des résultats, aux alentours de 20 h 30, la présidente élue fait son apparition sur la scène de la Bastille. Plusieurs minutes s'écoulent sous les vivats de l'assistance avant que son discours ne commence. Après une série de gestes victorieux, la nouvelle cheffe de l'État déclame finalement, déclenchant une euphorie hystérique : « Ô, France, de tes chaînes tu t'es libérée ! » Cette première phrase, que certains observateurs analysent comme d'ores et déjà passée à la postérité, fut sans doute la seule envolée lyrique de la prise de parole, limpide et retenue, comme à l'habitude des meetings de l'ancienne candidate. Déroulant son programme et ses ambitions, Mme Diallo a défendu l'absolue nécessité du combat contre les discriminations, le racisme et le réchauffement climatique. Puis, après avoir appelé à la mobilisation de son électorat en vue des élections législatives, dont une défaite lors du scrutin empêcherait « toute avancée progressiste », la nouvelle présidente s'est retirée dans ses bureaux du XIXe arrondissement afin de travailler sur ses dossiers et d'échanger avec plusieurs chefs d'État. Les équipes rapprochées de l'ex-candidate ont notamment fait savoir au *Monde* que le « Président des États-Unis a longuement entretenu Mme Diallo de l'importance du partenariat stratégique France-USA que ce soit au sein du Conseil de sécurité de l'ONU ou lors des réunions du G7, et ce, dans un contexte de tensions montantes avec la République populaire de Chine ».

Un événement politique historique

Si la victoire du Parti Inclusif constitue un événement politique contemporain important, il est aussi à placer parmi les dates fondamentales de l'histoire politique de la France. Benjamin Duhamel, éditorialiste au *Monde* et fin connaisseur du sujet, analyse l'événement. « C'est incontestablement une recomposition de la scène politique française, peut-être la plus importante depuis la victoire d'Emmanuel Macron en 2017. Il y a vingt-cinq ans, le jeune candidat faisait imploser le système d'alors et divisait la vie partisane en trois blocs : un bloc très à gauche, un bloc centriste-libéral et un bloc de droite nationale. Après avoir gouverné sans discontinuer depuis, Macron et ses successeurs (N.D.L.R., Édouard Philippe et Gabriel Attal) laissent donc leur place au Parti Inclusif, fruit de la fusion d'une dizaine de partis progressistes. Il est tout à fait possible d'envisager que le déplacement du centre de gravité politique induit des rééquilibrages aux conséquences nombreuses. Par exemple, l'on pourrait voir se former une opposition plus à gauche encore que le Parti Inclusif. En effet, l'exercice du pouvoir entraîne le plus souvent de véritables "tempérances" sur les ambitions originelles des candidats qui peuvent froisser les plus idéologues. De l'autre côté, suivant la logique "tri blocs", on pourrait imaginer un rapprochement entre les libéraux ne rejoignant pas la présidente Diallo pour les prochaines législatives et le bloc de droite nationale. De fait, le parti présidentiel héritier d'"En Marche !" et de "Renaissance" est amené à disparaître dans cette tectonique des plaques. Aspiré sur sa droite et sur sa gauche, il se videra de sa substance. En ne se représentant pas et en cédant sa place à son Premier ministre du fait de son impopularité et des scandales personnels, le président Attal a fait un pari très risqué qui finira par détruire son courant. L'absence du mouvement sortant au second tour est une claque qui laisse souvent K.O., comme l'a démontré l'histoire politique de la Ve République (N.D.L.R., absence des socialistes, alors au pouvoir, au second tour en 2017 amenant à la disparition de ce vieux parti quelques années plus tard). Quoi qu'il en soit, les prochains mois seront passionnants. »

Des festivités observées dans toutes les villes de France malgré de nombreuses tensions

Nantes, Bordeaux, Nice, Lyon, Marseille, Strasbourg, Lille… Dans toute la France, des scènes de liesse ont pu être observées après l'annonce de la victoire de Mme Diallo dans le cadre de l'élection présidentielle 2042. Si, la plupart du temps, les festivités se sont déroulées dans le calme, plusieurs émeutes urbaines, et parfois même des rixes entre militants, sont également à déplorer.

Dans toutes les grandes villes du pays, l'ambiance était comparable à celle d'une finale de Coupe du monde de football. Le ministère de l'Intérieur estime à près de trois millions de personnes la foule sortie célébrer la victoire de Mme Diallo. Si les grandes villes ont concentré le plus fort des festivités, plusieurs villes moyennes ont également enregistré une activité inhabituelle : à Évreux, ils étaient plus de 10 000 dans les rues, presque le double à Brest, et pas loin de 5 000 dans des communes de taille plus modeste telle que Brive-la-Gaillarde. Ces manifestations de joie ont cependant été gâchées par plusieurs événements violents.

D'après nos sources policières, la soirée était plutôt calme hier, jusqu'aux alentours de 23 heures. Ce sont d'abord dans les zones des quartiers de « renouveau urbain » (N.D.L.R., anciennement « reconquête républicaine ») que les premières violences ont été observées. Ainsi, dans plusieurs villes de banlieue parisienne (Creil, Sevran, Suresnes, Nanterre), mais également dans des quartiers de métropole régionale (Bellevue à Nantes, Neuhof à Strasbourg, les Moulins à Nice) des groupes mobiles et organisés de jeunes gens encagoulés ont démarré des feux de voiture, avant de provoquer des affrontements avec les forces de l'ordre. Plusieurs incendies d'immeubles se sont déclarés comme dans le quartier de Bacalan à Bordeaux ou encore de La Madeleine à Lille. Aucune victime n'est à signaler et tous les habitants ont pu être relogés temporairement dans des hôtels. Le maire (PI) de Roubaix, dont la ville a aussi été le théâtre d'affrontements, relate au *Monde* des « célébrations excessives ayant amené quelques débordements en réponse à des provocations policières ». Plusieurs coups de feu auraient été tirés par les forces de l'ordre dans le quartier de Monclar à Avignon après que des assaillants ont jeté des cocktails Molotov sur le poste de police, ne faisant cependant aucun blessé. L'occasion pour le commissaire Masson, responsable du commissariat visé, de réclamer la réintroduction d'armes de maintien de l'ordre de force intermédiaire afin d'éviter que « la seule issue en cas d'encerclement soit l'utilisation de balles réelles », ravivant ainsi un débat vieux de plusieurs années. Une enquête de l'IGPN (N.D.L.R., Inspection générale de la Police nationale) a été ouverte.

Plusieurs rixes entre militants pro-Diallo et pro-Bardella auraient également éclaté, en particulier à Paris (rue Mouffetard), Nantes (quartier du Bouffay) et Rennes (place Sainte-Anne), faisant de nombreux blessés. Si le Rassemblement National constate quant à lui des agressions gratuites de Français manifestant pacifiquement leur opposition à la victoire du Parti Inclusif et un scrutin vicié par l'ouverture au droit de vote des étrangers, l'enquête devra déterminer la nature de ces violences. Environ 4 000 interpellations auraient été effectuées au cours de la soirée.

2060

I

Il était, depuis toujours, avide de notoriété. À quinze ans, déjà, il avait tracé sa voie. Le petit Théophile Liviu, enfant modeste de province, deviendrait neurochirurgien dans un grand établissement parisien. Sans doute ferait-il de la politique, beaucoup de médecins en font. Il serait professeur universitaire, il serait ministre, mais surtout, il allait devenir médiatique. Il lui semblait que cette soif de reconnaissance venait tout droit de son éducation. Son Parent 1, une immigrée roumaine arrivée en France à l'âge de vingt ans avait toujours eu pour lui, son unique enfant, un amour inconditionnel et une forme d'adoration qui contraint un petit à l'ambition. Jeune, même si les temps n'avaient pas toujours été faciles, il n'avait jamais manqué de rien ; elle y avait veillé. Et puis, se disait-il, « en grossissant le trait, ça fera un bon storytelling à la télé ». Son absence de Parent 2 parsèmerait sans doute cette posture victimaire d'un pathos toujours très apprécié. Sa meilleure arme pour y parvenir, c'était son charisme. Il parlait bien et, pour une raison qu'il ne s'expliquait pas, n'avait jamais éprouvé aucune appréhension à l'idée de s'exprimer en public. Au collège, au lycée, ou à la faculté de médecine, tout le monde lui reconnaissait ce talent. Il avait été membre de nombreux clubs d'éloquence et était toujours le premier à prendre la parole dès qu'une occasion se présentait. Il avait cette faculté à fasciner et à convaincre sans même chercher à le faire. Il était certain que, fort de cet atout, il escaladerait rapidement le mur de la réussite sociale, sûrement par le suffrage. « La politique viendra en temps voulu », se répétait-il. Sans doute était-ce pour cela qu'il ne s'était jamais vraiment positionné dans le spectre électoral, et encore moins engagé. Les idées ne l'intéressaient pas. Seule la notoriété qu'elle pouvait lui apporter faisait de la politique un élément de fascination chez Théophile. Il pensait ce qu'il était convenu de penser. En 2042, alors qu'il était pour la première fois en âge de voter à une élection présidentielle, il avait suivi la pente de son milieu social, les CSP+, en faisant le choix de Rokhaya Diallo pour faire barrage au fascisme. Dans cette même veine, le passage à la Première République inclusive l'avait laissé indifférent. Il faisait simplement davantage attention à ne pas se montrer discriminant. Ce régime, comme le précédent, ne l'intéressait que s'il pouvait en tirer parti. La jeunesse de Théophile et la situation politique de son pays avaient connu des destinées inversement proportionnelles : il avait commencé sa vie d'une manière remarquablement stable et prévisible, si l'on exceptait le décès de son Parent 1, survenu quelques années plus tôt. La suite de son existence, il en était sûr, serait couronnée de gloire.

À quarante ans, il ne lui restait pas grand-chose de ses rêves d'enfant. Il était certes parvenu à devenir un praticien hospitalier, mais les ambitions de grandeur s'étaient envolées. Lui qui s'imaginait conquérir Paris et parcourir le monde, avait obtenu un poste de pédiatre au Centre Hospitalier Universitaire de Nantes, sa ville de toujours. Les ECN, ce concours national qui détermine à vingt-cinq ans la carrière et la vie entière des futurs médecins en avaient décidé ainsi. Son existence ne le passionnait guère. Il ne sauvait pas de vies, et avait le sentiment de gaspiller la sienne. Il auscultait des enfants à longueur de journée, et dut bien s'avouer qu'il les détestait, même s'il disait rigoureusement le contraire aux quelques aventures d'un soir qu'il conduisait dans son grand duplex du centre-ville de Nantes. Ça, on ne lui retirerait pas : un logement de choix et une bonne situation. Il était devenu propriétaire à l'âge de trente ans pour un montant de cinq-cent-mille euros, une véritable fortune qui l'avait endetté sur vingt-cinq ans. Avec une telle somme, il s'était offert l'un des plus beaux appartements du centre-ville : presque trois-cents mètres carrés, dont le tiers était occupé par son salon. Il faut dire que Nantes avait bien changé depuis son enfance et le prix de l'immobilier s'était effondré en vingt ans. La ville dans laquelle il avait grandi, dynamique, bourgeoise, bohème, propre et verte, s'était muée en un centre urbain sale où régnait l'insécurité. Le taux de criminalité y était l'un des plus forts du pays et y vivre donnait l'impression de s'être installé dans l'univers mental de Steinbeck. Le Nantes de son enfance n'était plus. Théophile avait vécu jusqu'à ses vingt-deux ans dans un agréable logement social des bords de l'Erdre depuis lequel on apercevait le soleil. Lorsqu'il daignait se présenter, l'astre caressait les reflets des feuillages dans l'eau calme entourant les jardins japonais de l'île de Versailles. Dans son duplex, il avait cherché à reconstituer ce petit bout de paradis disparu. Depuis son grand salon vitré du cinquième étage, il avait vue sur l'un des derniers parcs de la ville. Il aimait y passer des heures contemplatives à boire du Roederer, son champagne favori, en se gargarisant de ses premiers souvenirs, au collège-lycée Clemenceau, depuis rebaptisé *Sandrine Rousseau*.

Dans son fauteuil de style Pompidou, il se remémorait ce temps où la vie était simple et agréable. Tous les matins, depuis sa naissance, son Parent 1 posait ses mains douces et légèrement froides sur ses joues pour le faire émerger, il glissait ensuite dans sa baignoire une vingtaine de minutes afin de se laver et pour se réveiller pleinement, puis engloutissait son petit déjeuner préparé la veille. Des tartines beurrées et couvertes de confiture d'églantine que Théophile n'avait jamais cessé d'apprécier au lever, c'était sa madeleine. Il remontait alors les quais jusqu'au collège-lycée Clemenceau, retrouvait ses camarades et passait la journée à s'amuser plus qu'à étudier. Il était le garçon le plus populaire, tout le monde l'enviait et le courtisait, il se faisait un malin plaisir d'être impertinent avec les professeurs et les gens rehaussaient leur propre réputation en essayant de le fréquenter. Oui, il y a vingt-cinq ans, se disait-il, la vie était simple. Tout était encore possible, chaque rêve pouvait devenir réalité, car tout devait être bâti. Il croyait toujours à son grand destin. Les souvenirs de l'ancien régime paraissaient loin. Dans son immense salon, il songeait à tout ça. Le plus souvent, lorsqu'il terminait sa troisième bouteille de champagne, il s'endormait sur son fauteuil en sachant pertinemment qu'il se réveillerait la bouche sèche au milieu de la nuit. Qu'aurait pensé le Théophile Liviu de ses quinze ans en se voyant ainsi seul, malheureux et abreuvé à l'excès d'un champagne dont l'achat servait moins son ego que son alcoolisme ? Comment un garçon si vivant avait-il pu se laisser entraîner dans une existence monotone et dont la principale occupation consistait à soigner des enfants aussi pénibles qu'ingrats ?

Les mômes, il ne les supportait plus. Tout, chez ces petits êtres, le dégoûtait. Leurs cris, leurs pleurs, leurs caprices. Il lui semblait – mais cela ne se fondait que sur son impression – que l'interdiction d'élever la voix sur les mineurs, votée en 2043 sous l'impulsion du gouvernement du Parti Inclusif, n'avait fait qu'empirer le comportement des plus éprouvants d'entre eux. Il comprenait bien qu'il ne fallait pas les traumatiser, mais tout de même. Souvent, il lui arrivait de se rappeler que ses grands-parents frappaient légalement ses parents… Il ressentait pour ces tortionnaires un profond dégoût. Certains d'entre eux, encore vivants, avaient d'ailleurs été poursuivis sur dénonciation et jugés sévèrement des décennies après les faits. Ces affaires avaient fait les gros titres des chaînes d'information en continu et permis pour la première fois l'utilisation du nouveau chapitre du Code pénal « Des crimes contre les principes de l'inclusion », introduit dans la foulée du changement de régime en 2042.

De toute façon, il y avait peu de chances qu'il fasse subir quoi que ce soit à sa progéniture, il n'en avait jamais eu. Ce n'est pas tant son exaspération quotidienne face aux enfants que son célibat de toujours qui le privait d'être parent. Pourtant, Théophile n'était pas laid. De grande taille, le reste de son apparence physique était assez normale, mais son aisance à l'oral comblait assez largement la banalité de son visage. Il n'était tout simplement pas habité par un désir sexuel ardent. Il avait bien connu, ces dernières années, quelques rares étreintes d'un soir, et il y avait eu cette aventure avec une collègue de gériatrie, mais cela n'avait pas abouti à une relation sérieuse. Il trouvait le sexe agréable, oui, mais au même titre qu'une séance de cinéma, il pouvait s'en passer. Et puis, le lourd formalisme qui encadrait ces moments nuisait un peu à l'érotisme spontané qui l'excitait. Prendre un cocktail en terrasse, feindre un intérêt pour l'autre, proposer un « dernier verre », remplir et signer les attestations de consentement mutuel à l'acte sexuel pour enfin pouvoir profiter de quelques minutes d'ébats, tout cela l'ennuyait beaucoup.

Ses ambitions déçues avaient réduit son appétit sexuel à presque rien. Il en était de même de son esprit de conquête et de sa rage de séduire. Son talent d'orateur s'était affaissé en même temps que ses illusions de notoriété. Son charisme, en attente d'une occasion que lui offrirait l'existence, avait jusqu'ici été mis en sommeil. Sa vie restait à son image : *quelconque.*

II

Ce mardi 16 mars 2060 commença étrangement. L'hiver n'était pas tout à fait terminé, mais la journée était estivale. Le soleil aveuglant, qui avait triomphé des nuages de la veille, imposait une chaleur caniculaire inédite pour un mois de mars. On avait remarqué des températures déconnectées de leurs saisons depuis plusieurs années, mais jamais encore un thermomètre n'avait affiché trente-sept degrés avant même l'arrivée du printemps. Cette touffeur harassante rendit plus difficile que d'habitude le réveil de Théophile. Comme tous les matins où il n'était pas de garde, l'alarme s'enclencha à 6 h 21. Cette fois-ci, la déshydratation qu'il avait ressentie au milieu de la nuit n'avait pas suffi à lui donner le courage d'aller terminer sa nuit dans son lit QueenSize de 200 cm/200 cm. Ses paupières s'ouvraient, mais son corps ne suivait pas complètement, soudain submergé par une terrible céphalée. Affalé sur son fauteuil Pompidou, il avait pour seule compagnie les cadavres des trois bouteilles de Roederer cuvée 2051 de la veille. Malgré la chaleur du jour, Théophile prenait son bain matinal, comme il le faisait immanquablement depuis la classe de 6e. L'eau était froide, un problème avait probablement endommagé sa chaudière ou les restrictions énergétiques avaient peut-être été avancées sans qu'il ne l'ait su. Il opta finalement pour une douche très fraîche, ce qui eut pour effet de le réveiller autant que d'exacerber son humeur massacrante. Il enfila ensuite l'un de ses nombreux costumes Fursac qu'il affectionnait tant et se dirigea le ventre vide vers l'arrêt de son bus situé juste en contrebas de son domicile.

Une grève des mécaniciens de la TAN (Transports de l'Agglomération Nantaise) avait perturbé le trafic. Il allait attendre vingt minutes et serait donc en retard. Son exaspération atteignit ce qu'il crut être son comble lorsqu'un panneau publicitaire électronique afficha « Strasbourg 4 – Nantes 0, les Canari·e·s s'inclinent à nouveau ». Décidément, cette journée se présentait mal. Le bus arriva enfin, et seule l'odeur de transpiration put couvrir le chahut infernal du crissement de la plateforme centrale à chacun des virages. Alors, à son habitude, la voix enregistrée annonça « Centre Hospitalier Universitaire ». Même après dix ans, Théophile ressentait toujours ce moment comme une libération. La suite de sa journée promettait d'être tout aussi automatisée que le bus sans chauffeur qu'il venait de prendre. Il allait traverser le gigantesque hall d'entrée du CHU en saluant cordialement le personnel d'accueil, attendre longtemps aux ascenseurs qu'enfin l'un d'eux apparaisse, rester au moins aussi longtemps à l'intérieur pour atteindre le septième étage malgré les arrêts incessants de la cabine, puis enfin rejoindre son service de pédiatrie. Là, il allait assister aux transmissions, puis ferait le tour des chambres. Il dirait « Bonjour petit toi ! » pour ne pas mégenrer les enfants n'ayant pas dépassé l'âge de choix d'appartenance, puis sourirait à ses jeunes patients qu'il ne supporte plus. Il prendrait un sandwich à la courgette à midi et effectuerait des consultations depuis son poste de soins tout l'après-midi en espérant que le chef de pôle, pourtant son cadet, ne le réprimande pas pour une raison ou pour une autre. Sa journée allait être monotone.

La police vint en début d'après-midi dans son service, accompagnée du directeur de l'hôpital. Théophile ne fut pas surpris de trouver les forces de l'ordre dans les couloirs, les patients violents n'étaient pas rares. Il s'étonnait toutefois de la présence du chef d'établissement. « Qu'est-ce que ce mange-merde de Duluc peut bien foutre ici ? » se demanda-t-il. Les directeurs ne se présentaient guère que pour annoncer de mauvaises nouvelles. Le groupe continuait à progresser dans le long couloir bordé de dizaines de chambres du service pédiatrique. La couleur des murs avait tellement mal vieilli que les dessins d'enfants qui les ornaient semblaient désormais là pour effrayer les nouveaux malades. Il lui parut soudain que c'est vers lui que ce beau monde s'avançait. Hébété, la bouche entrouverte, il avait cessé de penser et demeurait statique, attendant le dénouement du drame à venir. « C'est bien lui ? » demanda un policier en uniforme. « Oui », répondit monsieur Duluc. Un ange passa, avant de laisser place à un autre agent de police : « Docteur Liviu, nous sommes le 16 mars 2060, il est 14 h 32, vous êtes, à compter de cette heure, en garde à vue pour brunophobie aggravée. Vous avez le droit de garder le silence, de consulter une avocate ou un avocat, une médecin ou un médecin et d'interpeller à tout moment la ou le juge du Respect de l'Inclusion si vous en sentez le besoin. » Un troisième policier le menotta. Théophile, dont la posture évoquait celle d'un accidenté de la route en état de choc, demanda fébrilement si tout cela était bien nécessaire. Personne ne jugea utile de lui répondre. Tout le monde se dirigea vers les ascenseurs, à l'exception de monsieur Duluc, le directeur, qui rompit le silence de cathédrale sous les yeux médusés des professionnels et des patients : « Docteur Liviu, une honte ! Vous êtes une honte pour notre institution ! »

Théophile traversa le hall principal de l'hôpital aux côtés des policiers. Dans de telles circonstances, il était conscient qu'un esprit normalement constitué devait être accablé par mille préoccupations. Lui n'en avait qu'une. Il était connu dans l'hôpital, il y travaillait depuis dix ans et tout le monde savait qu'il officiait auprès des enfants. Il avait envie de hurler à la face de ces gens qui le regardaient menotté qu'il n'était pas pédophile. Tout cela était absurde, après tout il serait libre à l'issue de sa garde à vue. Il ne s'était jamais montré brunophobe. Il était innocent. Les trois agents le firent monter à l'arrière du véhicule, puis la voiture prit le chemin du commissariat central. Sur le trajet, les policiers apparaissaient plus détendus, comme des artistes après une représentation. Celui qui était au volant s'apprêta à prendre la parole, mais se tut finalement.

« Oui ? relança Théophile.

— Mon compagnon est brun, mes enfants sont bruns, j'ai beaucoup d'amis bruns, rétorqua l'agent de police, calme, mais réprobateur.

— Moi aussi, se défendit Théophile.

— C'est ça… »

Ces mots sarcastiques de l'agent de police furent les derniers du trajet. Surpris par ce dialogue qu'il trouva presque absurde, il se demanda si ces paroles étaient dictées par la présence de la caméra de contrôle fixée sur les policiers. Depuis quelques années déjà, tous les agents de police pouvaient ainsi être surveillés à distance aléatoirement et à tout moment. Cette politique avait d'ailleurs été efficace puisque les violences physiques et non inclusives de la police avaient presque disparu, compensant ainsi la nette augmentation des crimes de sang et des vols à la personne. Aux alentours de 15 h 15, le commissariat central était en vue. Il faisait face à l'Erdre, non loin de là où il avait grandi. Il ne visitait pas souvent le quartier de sa jeunesse et aurait préféré y revenir de son plein gré. L'endroit, qui jadis avait été préservé de l'urbanisation tant la verdure y était abondante, était devenu un amas de logements miteux hérités du siècle précédent.

Arrivé au poste de police, on fit s'asseoir Théophile sur un petit banc dans l'entrée, les menottes toujours aux poignets. Juste à côté de lui, un jeune homme de trente-cinq ans tout au plus, en complet gris et très élégant, était également assis. Il avait l'air d'être un homme libre. Peut-être un policier ou un inspecteur. Après quelques minutes, l'homme rompit le silence.

« Bonjour.

— Bonjour, répondit-il, curieux et dubitatif.

— Des soucis ?

— Eh bien oui. Comme vous pouvez le voir, je ne passe pas la meilleure journée de mon existence. Et vous ?

— Je suis avocat. Vous avez un avocat ?

— Non, mais je crois que j'attends l'arrivée de mon commis d'office. Ça devrait suffire pour me défendre.

— Je connais bien la justice, vous savez, les commis d'office sont loin d'être les plus qualifiés, je dis ça pour vous. Quel est le motif de votre arrestation ?

— Brunophobie, apparemment, répondit Théophile blasé à l'excès.

— Magnifique !

— Je vous demande pardon ?

— Je suis spécialisé dans les crimes contre l'inclusion. Je peux vous apporter la meilleure défense possible.

— Écoutez, je passe déjà un assez mauvais moment pour qu'en plus des inconnus tentent de m'extorquer, merci ! »

Théophile voulut partir pour clore l'échange, mais il était contraint de rester assis là, en attendant la suite des événements. L'avocat reprit.

« Je m'appelle Pierre Ruinet. Si vous le souhaitez, je vous défends au tarif minimal, et si vous perdez, je vous rembourse la totalité. Vous ne serez pas déçu. J'excelle dans ce type d'affaires. Je suis, comment dire, très engagé. Vous pouvez me faire confiance.

— C'est absurde, je risque la prison. Que ferai-je de l'argent que vous me rendrez si je perds ? Et pourquoi aurais-je confiance en un avocat parfaitement inconnu ?

— Vous me connaissez maintenant plus que le commis d'office qui va arriver.

— Je ne comprends pas votre insistance. Pourquoi tenez-vous à me défendre ? Vous devriez revoir vos méthodes d'approche, votre démarchage n'inspire pas confiance.

— Je trouve le chapitre pénal des crimes contre l'inclusion proprement indigne et scandaleux, je consacre toute mon activité d'avocat à défendre des personnes telles que vous, victimes à mon sens d'un droit inique.

— Mais je suis loin d'être le seul dans ce cas, maître.

— C'est vrai, mais vous êtes celui à qui je parle en ce moment. Vous avez deux options : soit être défendu par un inconnu qui ne porte peut-être aucune attention particulière aux crimes contre l'inclusion, soit par un homme que vous connaissez certes peu, mais qui est un spécialiste de la question. En l'occurrence, moi. »

Face à l'insistance de Pierre Ruinet, Théophile céda finalement.

« Bon, c'est d'accord, de toute façon je n'ai plus rien à perdre. »

Toujours un peu sonné par son arrestation, Théophile avait peu écouté son nouvel avocat durant l'échange qu'ils venaient d'avoir, et s'était plutôt concentré sur son costume : c'était un modèle de chez Fursac à neuf-cent-cinquante euros, il possédait exactement le même. Le genre d'accoutrement d'un bourgeois bien établi, mais trop peu aisé pour porter du sur-mesure.

« Votre dossier m'intéresse beaucoup. Les accusations de crimes contre l'inclusion sont un scandale et je pense les combattre mieux que mes confrères. »

Sur ces mots, Théophile sortit de son attentisme et répondit, non sans surprise, qu'il ne voyait pas ce qui permettait à cet avocat, visiblement prétentieux, de se croire si supérieur à ses collègues.

« Nous avons très peu de temps pour faire plus ample connaissance et préparer une première défense, allons au calme pour discuter. »

Alors qu'ils s'installaient dans une petite pièce du commissariat réservée aux avocats, l'homme au complet gris reprit la parole.

« Comme je vous le disais, je suis maître Ruinet, mais vous pouvez m'appeler Pierre. Comment vous sentez-vous ? »

Théophile fut presque touché qu'on lui donnât pour la première fois depuis son arrestation un peu de compassion.

« Je ne comprends pas bien, à vrai dire. Je suis accusé de brunophobie, mais je n'ai jamais eu un tel comportement. »

L'avocat, pensif, retira ses lunettes dans un geste visant à afficher un air intelligent et dramatique, ce que Théophile trouva ridicule. Il les posa ensuite délicatement sur la table.

« Monsieur Liviu, la situation n'est pas aisée. Je n'ai pas encore accès à votre dossier, mais les accusations sont très graves. Les crimes contre les principes de l'inclusion sont durement réprimés. Si les policiers avancent des preuves matérielles, faites profil bas, usez de votre droit au silence. Vous n'échapperez pas à la détention provisoire en attendant *la* procès aux assises, il faut vous y préparer. »

Chacune de ces phrases s'abattait sur Théophile avec une violence qu'il n'avait jamais rencontrée auparavant.

« Il va y avoir une procès aux assises ?!

— C'est inévitable, mais en attendant de bien préparer notre défense, et j'insiste fermement, dites-en le moins possible, faites usage de votre droit au silence. »

Un policier frappa à la porte et demanda qu'on le suive.

L'interrogatoire commença presque instantanément et il n'y eut pas de fouille au corps, comme Théophile l'avait vu dans les séries policières à succès chinoises ou les vieux films américains. La pièce où les questions allaient lui être posées était sobre. Il ne put s'empêcher de se dire que tous les services publics ne connaissaient pas le même traitement. L'hôpital était si délabré face à ce commissariat entretenu aux intérieurs élégamment peints en blanc et en bleu, tranchant radicalement avec le quartier. Théophile pensa que le policier interrogateur était en situation de corpulence plus importante que la norme et eut à peine le temps de regretter d'avoir eu cette idée discriminante que le fonctionnaire lui tendit la photocopie d'un article.

« Lisez, docteur ! » ordonna-t-il.

Théophile s'exécuta. Il s'agissait d'une interview qu'il avait donnée au magazine interne du CHU quelques mois plus tôt, dans le cadre d'une rubrique visant à mieux connaître les personnels de l'hôpital. Il fit mine de lire, mais il se souvenait très bien de chacune de ses paroles, l'article était court. Théophile comprit tout de suite et cela fut transparent sur son visage. Le policier, inquisiteur, demanda : « La mémoire vous revient, docteur ? » Maître Ruinet intervint immédiatement. « Mon client souhaite faire usage de son droit au silence. » Théophile, outrepassant les conseils de son avocat, dit finalement : « Oui, mais il y a méprise monsieur l'agent, je ne voulais en aucun… » Le policier lui coupa la parole et reprit de plus belle. « Vous ne vouliez en aucun cas violer le Code pénal en vous rendant coupable de crime contre l'inclusion ? Parce que c'est ce que vous avez fait ! »

Théophile, à la question du magazine « Quel est votre rapport à la vie sentimentale ? » avait répondu, se voulant caustique, qu'il souhaitait « se concentrer sur son travail. » Mais qu'il préférait « les blondes (rires) ! » Il regretta instantanément ces paroles en son for intérieur. Il se dit qu'il avait raté une belle occasion de fermer sa gueule, il n'en avait rien à foutre des blondes, autant que des brunes d'ailleurs. Il reprit : « Je pourrais peut-être adresser un communiqué d'excuses aux femmes brunes ? Je regrette tellement ces paroles, ce n'était pas vraiment moi, je traverse une période difficile de ma vie, vous savez. » À la suite de ces mots, le policier perdit son calme et fit tomber sa caméra individuelle de contrôle. Il la ramassa, se releva à grand-peine du fait de son surpoids et s'exclama vertement :

« Assez ! Vous n'êtes pas la victime dans cette histoire, ce sont des femmes brunes qui sont humiliées par votre faute ! Vous ne comprenez donc pas ce qui est en jeu ? Vous pensez que vos excuses suffiront ? Docteur Liviu, vous risquez vingt ans de réclusion criminelle pour vous être rendu coupable de discrimination. Vous serez entendu demain par un juge d'instruction, nous avons vos aveux. »

Sur ces paroles, l'avocat fusilla son client du regard. Des agents emmenèrent Théophile dans une cellule du commissariat, où il passerait la nuit en attendant de voir le juge d'instruction. La cellule était individuelle et minuscule. Il n'y avait pas de télévision, mais une petite fenêtre en hauteur permettait l'entrée de la lumière naturelle. Une horloge électronique, la Constitution et la devise républicaine étaient affichées au mur, complétant un décor minimaliste. Avachi sur son lit, il lisait en boucle l'article 1 : « La France est une République inclusive, démocratique, sociale et antiraciste. » Le temps était long. On lui servit une poêlée de légumes qu'il trouva correcte, bien qu'un peu tiède. Ses pensées divaguaient, puis, en mangeant, il se demanda quel goût pouvait bien avoir les morceaux d'animaux morts cuits, qui étaient interdits à la production, la vente et la consommation depuis la victoire du Parti Inclusif, en 2042. Son Parent 1 lui en avait préparé lorsqu'il était enfant, mais il était bien incapable de se les remémorer. Quelques instants plus tard, une crise de larmes le submergea à l'idée que cette nuit pourrait être à l'image fidèle des vingt années à venir. Même ses trajets de bus entre le domicile et l'hôpital lui semblaient plus agréables que cette triste cellule. Il songea à son avocat, Pierre Ruinet. Il aurait mieux fait de l'écouter et se taire. Emporté par ses émotions, il avait voulu dire sa bonne foi aux policiers. Ce faisant, il était, bien malgré lui, passé aux aveux. Pour la première fois de sa terne vie, il envisagea le suicide. Il ne parvenait pas à réprimer ses pensées noires : à quoi bon vivre désormais ? S'il est condamné, le reste de son existence sera un cauchemar. Autrement, s'il est relâché, son arrestation seule suffira à la ruine irrémédiable de sa réputation au sein de son établissement. Par conséquent, toute velléité politique future semblait maintenant dérisoire. Pourquoi donc ne pas céder à sa pulsion de mort ? S'il ressortait innocenté de toute cette affaire, peut-être envisagerait-il une demande d'euthanasie. Les démarches étaient certes très longues et réservées aux individus au casier judiciaire vierge, mais il s'agissait tout de même d'un droit fondamental constitutionnellement garanti. Finalement, il s'endormit.

À 8 heures, deux policiers vinrent le réveiller. « Monsieur Liviu, debout, on y va », lui dirent-ils sobrement. Théophile, menotté, s'assoupit dans la fourgonnette policière de la marque chinoise ChangAn

Automobile qui devait le conduire à l'ancien palais de justice – depuis rebaptisé « Maison des repentances » – situé sur l'Île de Nantes. Le bruit de la porte s'ouvrant l'extirpa brutalement de son sommeil. En sortant, il prit un instant pour observer le lieu devant lequel il était souvent passé sans jamais y entrer. Il se souvint que, plus jeune, il allait même boire du mauvais vin avec ses amis sur les quais qui bordaient immédiatement l'ancien palais de justice. C'était peut-être le tribunal le plus lugubre de France, à l'image de ce qu'était devenue sa ville. Conçu par l'architecte Jean Nouvel en l'an 2000, il se présentait comme un grand bloc entièrement noir et son ambiance était, avant toute condamnation des accusés, volontairement carcérale. Ce n'est pas tant que la construction avait mal vieillie, c'est qu'elle n'avait jamais été convenable. Il poursuivit son chemin dans le dédale de marbre noir de la Maison des repentances jusqu'à atteindre une porte dont il savait que la modestie dissimulait d'immenses pouvoirs qui pourraient façonner le reste de son existence. Elle s'ouvrit.

Le bureau du juge d'instruction était exigu. Derrière lui trônait un grand drapeau français sur lequel on pouvait deviner la devise de la Première République inclusive : « Inclusion, égalité, solidarité. » Le magistrat était très âgé, Théophile se dit qu'il avait probablement plus vécu sous l'ancien régime que dans le nouveau et que cela pourrait peut-être l'aider. Après tout, les républiques précédentes avaient instauré des discriminations systématiques, peut-être cela conduirait-il le magistrat à relativiser cet acte de brunophobie. Pierre Ruinet était là également, mais il n'avait pas été autorisé à voir son client avant l'entrevue. « Déclinez votre identité, je vous prie », commença le juge. Il répondit calmement. « Théophile Liviu, cisgenre, sexualité hétéronormée, né le 18 janvier 2021, médecin pédiatre au CHU de Nantes. » Le juge, affichant soudainement un large sourire, reprit aussitôt. « Je constate que vous êtes un bébé confinement. » Il est vrai que la grande pandémie de 2020-2021, à l'époque de l'ancien régime, avait entraîné un confinement de toute la population. Après un court silence, le juge enchaîna, un peu gêné. « Puisque votre genre et votre sexe sont superposés, vous me permettez de vous appeler monsieur ? » Théophile répondit par l'affirmative, se disant que tout commençait bien, qu'il avait vu juste et que ce juge lui serait favorable. Un second silence vint rompre ce moment inattendu, et le vieil homme prit un air fermé. « Monsieur Liviu, vous avez reconnu avoir tenu les propos suivants, et je vous cite : "Je préfère les blondes", vous rendant ainsi coupable de brunophobie, réprimée par le Code pénal au chapitre des crimes contre les principes de l'inclusion. Maintenez-vous votre déposition ? » Tandis que Théophile s'apprêtait à revenir sur ce qu'il avait dit la veille, pour finalement écouter les conseils de son avocat qu'il avait d'abord négligés, ce dernier le prit de court et avança avec assurance : « Absolument, mon client maintient sa déposition. » Théophile, surpris, chercha Ruinet du regard, mais ne le trouva pas. Il pensa alors que cela devait être une stratégie juridique bien étudiée et confirma les propos. Le juge soupira. « Je n'ai donc aucune raison de faire durer cette entrevue inutilement. Monsieur Liviu, je vous mets en examen pour crime contre les principes de l'inclusion et demande votre placement en détention provisoire dans l'attente de votre procès. »

Théophile, d'un coup, fut pris de panique. Il ressentait tout le poids de l'enfermement. C'est l'État qui voulait le murer, il n'y avait pas de solution, on allait le priver de sa liberté. « Je vous en prie, monsieur le juge, s'exclama-t-il, tout, mais pas la prison, accordez-moi le contrôle judiciaire ! » Théophile avait l'air pathétique et si l'épais bureau qui le séparait de son bourreau avait pu lui permettre de se jeter à ses pieds pour donner du corps à ses supplications, il l'aurait probablement fait. « Combien de brunes allez-vous encore humilier si je vous laisse en liberté, monsieur Liviu ? En responsabilité, je ne peux pas prendre ce risque ! » Pierre Ruinet eut à peine le temps de dire à son client de tenir bon. Théophile était en route pour la maison d'arrêt de Carquefou.

III

L'arrivée de Théophile en prison avait été très différente de ce qu'il s'était figuré. Une fois délesté de ses affaires, il avait eu un long rendez-vous avec un psychologue et un directeur adjoint de l'établissement. Ils lui expliquèrent quels étaient ses droits : entre autres, la possibilité de consulter un expert de la psychologie à tout moment, de « cantiner », d'alerter le juge de l'inclusion au besoin, ou encore de recevoir des visites. D'ailleurs, son avocat viendrait dès le lendemain. Une conséquente documentation sur la gestion du « choc carcéral » lui était remise. La plus grande surprise fut d'apprendre qu'en raison de ses origines roumaines, Théophile allait pouvoir bénéficier des nouvelles lois sur la détention. Pour lui éviter l'accumulation de stigmates, d'éventuels comportements racistes et le poids du privilège des natifs souchiens français, il serait en « non mixité ». En d'autres termes, il allait être enfermé avec « d'autres personnes roumaines ou d'origine roumaine ». Jamais, dans sa vie, il ne s'était identifié à cette culture qui était celle de son Parent 1. Il était né en France, avait grandi en France, se sentait français et trouvait cette mesure totalement absurde. Il le fit savoir, mais il ne pouvait pas en être autrement avant d'avoir déposé une demande au juge de l'inclusion.

Théophile vivait très mal ses premiers pas de prisonnier. Il ne partageait rien avec les détenus de son quartier et n'était jamais en contact avec les autres. Dès les premières heures, l'usage de la langue roumaine, dont il ne connaissait pas un mot, l'oppressait. La communication était impossible. Il était entouré et pourtant il était seul. Certes, sa vie sociale en liberté était bien modeste, mais au moins pouvait-il décrocher son téléphone pour voir ses quelques connaissances quand il le souhaitait et boire du Roederer. Il avait été victime d'une erreur d'appréciation et partageait en conséquence sa cellule avec un Tzigane qui ne parlait pas français. Le lieu était salubre, les toilettes séparées, une télévision de taille convenable était encastrée dans le mur. En définitive, sa cellule ressemblait beaucoup à une chambre d'hôtel Formule 1. Exception faite de son codétenu, bruyant et malappris, Théophile savait que les choses auraient pu être pires. Un lit superposé, une kitchenette et deux commodes l'une sur l'autre composaient l'ameublement du lieu. Son acclimatation au milieu pénitentiaire venait à peine de débuter lorsqu'il reçut la visite de son avocat au parloir. En entrant dans la pièce, il l'observa avec attention quelques instants. C'était un homme particulièrement séduisant, grand, élégant, la mâchoire carrée, les cheveux blonds mi-longs, le visage symétrique et l'air toujours très assuré.

« Comment vous sentez-vous ? demanda Ruinet, inquiet.

— Même si mon lit QueenSize me manque, ça pourrait être pire, mais il faudra rapidement saisir le juge de l'inclusion, je ne vais pas supporter bien longtemps la non-mixité.

— Ce sera fait dans les plus brefs délais.

— Maître, pourquoi avoir confirmé ma première déposition devant le juge d'instruction, hier ?

— Écoutez, j'ai bien étudié votre dossier, je crois qu'une procès est nécessaire, c'est le seul moyen de sortir de cette histoire par le haut, vous serez pleinement blanchi.

— Mais vous m'aviez dit qu'une procès était inévitable ! Vous voulez dire que j'aurais pu m'en passer ? s'étonna Théophile.

— Disons qu'il aurait été possible de nier que vous avez tenu ces propos et les mettre sur le dos d'une mauvaise retranscription de vos paroles de façon à vider le dossier de sa substance et vous épargner les poursuites du parquet.

— Mais vous rigolez j'espère ? Vous vous moquez de moi ? Vous êtes en train de me dire que vous avez insisté lourdement pour devenir mon avocat et finalement m'infliger une procès évitable ? Mais vous êtes fou ou complètement incompétent ?

— Ne soyez pas insultant, je vous prie. Tout ce que je fais est dans votre intérêt. C'est ce qu'il y avait de mieux à faire. »

L'avocat était très calme et paraissait si sûr de lui que Théophile ne parvint pas à libérer sa colère la plus noire. Pourtant, la situation dans laquelle ce Ruinet l'avait visiblement mis de façon volontaire restait proprement incompréhensible. Imitant la placidité de Pierre, il se contenta de dire avec une tristesse mêlée d'assurance qu'il regrettait sincèrement de lui avoir fait confiance, et que leur collaboration s'arrêtait là. « Je vais vous expliquer, vous allez comprendre, reprit l'avocat. Oui j'ai précipité la procès, mais c'est dans votre intérêt, je le répète. » Théophile, fatigué de cette situation, lui dit avec le charisme et l'autorité de ses vingt ans : « Maître, je vous laisse quarante secondes pour me convaincre, sinon je change d'avocat », puis posa fixement son regard sur l'horloge.

« Oui, j'avoue avoir volontairement maintenu votre déclaration pour provoquer une procès, et oui, encore une fois, je l'ai fait dans votre intérêt. Je vous avais demandé de faire usage de votre droit au silence et vous ne m'avez pas écouté. Nier des faits que vous aviez admis la veille aurait été néfaste par la suite. Pendant la nuit qui a précédé votre passage chez le juge d'instruction, j'ai beaucoup réfléchi, et je me suis permis de confirmer vos dires parce qu'une immense opportunité s'ouvre à vous. Malheureusement, nous n'avions pas eu l'occasion d'en discuter, il m'a donc fallu trancher. Certes, j'aurais pu persuader la rédactrice de l'article de reconnaître une mauvaise retranscription. Vous auriez alors retrouvé la liberté en paria, et l'ordre des médecins vous aurait tout de même radié. Est-ce la vie que vous souhaitez ? Êtes-vous satisfait du monde dans lequel vous vivez ? Êtes-vous satisfait du régime ? Théophile, entendez-moi bien, vous avez reconnu votre faute, mais de quel crime parle-t-on ? N'est-ce pas votre droit que de préférer les blondes aux brunes ? Il s'agit là de vos goûts, pas de discrimination ! »

Ruinet se rendit compte qu'il avait largement dépassé les quarante secondes secondes et que son client demeurait attentif. Le plan devait suivre son cours. Il reprit :

« Il va y avoir une procès, et, croyez-le ou non, c'est la chance de votre vie. » Immédiatement, les yeux de Théophile s'écarquillèrent et l'on put presque deviner un léger rictus sur son visage. « Nous pouvons faire de cette procès un symbole. J'ai quelques amis journalistes de mes années à Sciences Po Strasbourg : je vais médiatiser l'affaire. Vous allez devenir le centre de l'actualité locale, et qui sait, peut-être nationale. Si nous gagnons, vous ne ressortirez pas seulement innocenté, mais aussi grandi, et pourquoi pas célèbre. Imaginez les opportunités que cela pourrait ouvrir. »

Théophile n'en revenait pas. Rarement, dans sa vie, il n'avait connu telle incertitude. En moins d'une demi-seconde, des dizaines de pensées l'avaient traversé en s'entremêlant. La ficelle de Ruinet était grosse, mais elle lui plaisait. Certes, il était séduit par le discours de son avocat qui, à n'en pas douter, savait conquérir un auditoire, mais était-il fou à lier ? Cette façon dont Ruinet parlait du régime comme d'un système oppressif était tout de même excessive. La France n'était-elle pas le pays des droits humain·e·s et citoyen·ne·s ? N'était-ce pas ce régime qui avait aboli le privilège blanc, réprimé les discriminations, permit l'élection de la première présidente noire, mit fin aux maux des anciennes républiques, favorisa la représentativité de tout un chacun en adoptant la première constitution rédigée intégralement en langage inclusif ? Et puis, Ruinet était bien gentil avec son beau discours, mais il n'en demeurait pas moins que les aveux de brunophobie avaient déjà été faits et les discriminations, il le savait depuis longtemps, étaient un fléau terrible. Pourtant, il ne pouvait pas s'empêcher de penser que cette procès était peut-être le moment qu'il avait attendu toute sa vie. Lui qui depuis toujours avait voulu que la notoriété le cueille était peut-être devenu un fruit mûr. Et si c'était son heure politique ? Après tout, faire vingt ans de prison était inenvisageable et Ruinet avait l'air d'avoir un plan fonctionnel. Moins d'une seconde s'était écoulée depuis la fin de la tirade lorsque Théophile répondit : « Je vois. De toute façon nous ne pouvons plus revenir en arrière. Vous savez, je suis plutôt bon orateur, dans ma jeunesse, j'ai gagné de nombreux concours d'éloquence. » Ruinet sourit puis ajouta que cela serait utile. Les deux hommes demandèrent à un surveillant pénitentiaire qu'on leur apporte un café, ce qui fut fait. Théophile avala une gorgée qui lui rôtit la langue, mais ne broncha pas. Une larme lui monta aux yeux quand il reprit, dans la douleur :

« Vous êtes politisé, maître ?

— Pour ne rien vous cacher, je suis membre du Parti de la Réaction. C'est le bureau local qui m'a orienté vers vous. Vous comprenez peut-être mieux l'insistance qui a été la mienne. Je suis un jeune avocat, mais ne vous inquiétez pas, avec mon talent et le soutien du parti, nous pouvons parvenir à nos fins. Et puis, qui sait, la couverture médiatique et la notoriété que vous tirerez de la procès vous ouvriront peut-être une belle carrière dans nos rangs, vous qui êtes bon orateur ! »

Une fois de plus, Théophile était confus. En vingt ans d'existence, le Parti de la Réaction s'était forgé une très mauvaise image. Des fachos, des racistes, des discriminants, un parti composé des quelques catholiques qui résistaient encore et dirigé par de vieux mâles blancs ayant refusé la perte de leurs privilèges. Toutes ces étiquettes collaient à ce parti et avaient fini par transformer chacun de ses actes de soutien en cadeau puant et empoisonné. Théophile ne les aimait pas. Il avait même, suivant le mouvement, rejoint ses collègues du CHU pour manifester contre la victoire du PR lors des dernières élections régionales dans un contexte d'abstention record. Depuis l'accession au pouvoir du Parti Inclusif, vingt ans auparavant, la vie politique était constituée en trois blocs. Le parti majoritaire avait systématiquement été réélu depuis sa première victoire en 2042. Il était le centre de gravité politique avec presque 40 % d'opinions favorables. À sa gauche, l'Union Internationale Intersectionnelle, l'UII, incarnait une branche plus radicale de la cause inclusive qui avait fait sécession avec son parti d'origine, lui reprochant ses accommodements et sa modération liés à l'exercice des fonctions gouvernementales. Ainsi, alors que l'UII prônait la disparition de toute idée d'autorité, le Parti Inclusif avait bien dû composer avec des formes traditionnelles du pouvoir – police, justice. La suppression de l'attribution d'un sexe à la naissance, grande cause de l'UII, n'avait elle non plus pas été suivie par le gouvernement qui s'en était limité à la généralisation d'un choix individualisé du genre à l'âge de dix ans. En dépit de leurs désaccords de fond, ces deux familles politiques cousines se retrouvaient systématiquement pour faire barrage au parti de Ruinet au second tour. Il faut bien reconnaître que depuis quelques années et malgré leur mauvaise presse, les réactionnaires ne cessaient de progresser lors des élections présidentielles, passant de la troisième force politique du pays à la seconde. Théophile le savait et se disait qu'il pourrait bien s'accommoder de quelques compromis avec ses idées qui étaient, il se l'était avoué, assez meubles. Mais pouvait-il accepter d'être instrumentalisé par « les fachos », comme il était commun de les appeler ? Si c'était ça ou la prison, il y était tout à fait prêt. Les projecteurs se braquaient enfin sur lui, il l'avait bien entendu, le Parti de la Réaction serait disposé à lui réserver une bonne place à l'issue de cette affaire. Ruinet reprit, l'extirpant brutalement de ses pensées :

« Et vous ?

— Non. Vous auriez tout de même pu me parler de votre engagement avant que je n'accepte que vous me représentiez… Je me suis toujours tenu bien à l'écart de ces questions-là, répondit Théophile en omettant sciemment de mentionner ses ambitions électorales de jeunesse, mais je sens bien qu'il est temps que les choses changent.

— À la bonne heure ! Je vous ferai passer très bientôt des ouvrages politiques, dont certains sont anciens et soumis à la censure, soyez discret. Je déposerai également dans la semaine un recours auprès du juge du Respect de l'Inclusion pour mettre un terme à la non-mixité pendant votre détention, j'ai bon espoir que cela aboutira rapidement. Les délais sont parfois longs et je pense que la procès ne débutera pas avant au moins six mois, nous ferons de ce temps une arme pour nous préparer au mieux. Je reviens m'entretenir avec vous très vite, et vais référer notre entrevue au parti.

— D'accord maître, merci pour tout ! »

Théophile se rendit compte qu'en une demi-heure, il était passé d'un fier « je vais changer d'avocat » à un franc « merci pour tout » et qu'il venait de consentir à ce que sa procès soit utilisée à des fins électorales par le Parti de la Réaction, ce qui lui était encore inimaginable quelques jours plus tôt. Peu importe, il avait un intérêt certain à accepter. Chacun s'y retrouvait. Théophile se disait que Ruinet n'avait pas compris qu'il était en train de les manipuler, lui et ses compagnons réactionnaires, pour servir ses desseins. Leurs armes lui permettraient de gagner la liberté, et peut-être, même, la notoriété. L'entrevue prit fin et un surveillant l'accompagna dans sa cellule, auprès de son codétenu tzigane.

IV

Les semaines de Théophile étaient répétitives, mais il les trouvait moins pénibles que ce qu'il avait imaginé. Après un mois de détention provisoire, le juge du Respect de l'Inclusion avait consenti à le placer en mixité. Les choses s'arrangeaient et il avait quitté son codétenu sans regret. Il avait fini par le haïr autant que les enfants qu'il soignait au CHU. Son nouveau quartier carcéral était tout aussi propre que l'ancien, mais il pouvait parler avec les autres. L'aile de la prison était réservée aux individus dans la même situation que lui : détention provisoire au titre de la violation du chapitre pénal des crimes contre l'inclusion. Très rapidement, il avait noué des liens avec son nouveau compagnon de cellule, Karim. C'était un homme d'une totale normalité : ni grand, ni petit, ni mince, ni gros, ni beau, ni laid. Des cheveux crépus, un teint hâlé et une bonhomie naturelle caractérisaient ce codétenu discret et sympathique. Apparemment, lui aussi avait demandé la détention en mixité. Théophile n'osa pas l'interroger directement à ce sujet, ayant peur d'aggraver son cas en le mal-originant. Après tout, il avait déjà connu une Norvégienne qui s'appelait Karim. Il était professeur de collège et avait très tôt expliqué les raisons de son incarcération. Lors d'un cours sur les droits humains, il avait fait mention des personnes « LGBT+ ». Cette ancienne dénomination avait été remplacée il y a des années de cela, car le sigle « + » invisibilisait un nombre conséquent de minorités. En ne disant pas « LGBTTQQIAAPKAZERTYUIOP », Karim s'était rendu coupable de discrimination et encourait aussi vingt ans de réclusion. Il avait été arrêté après une dénonciation d'un parent d'élève. Il est vrai que la sentence pouvait paraître excessive. Néanmoins, la discrimination était considérée comme un meurtre social et une hérésie contre les principes fondamentaux, ce qui avait poussé le régime à rééchelonner les peines. La compagnie de ce nouvel ami était agréable.

La vie se partageait en deux temps : celui hors de la cellule, environ cinq heures par jour, et celui enfermé. Théophile et Karim ne se séparaient plus. En un mois, ils étaient devenus très proches. Plus proches peut-être que l'un et l'autre ne l'avaient été de n'importe qui d'autre auparavant. La détention étirait chaque moment, décuplant chaque émotion : l'ennui, la résignation, la haine, l'amitié. Lorsqu'ils n'étaient pas derrière leurs murs, ils se rendaient au sport, prenaient leur repas à la cantine, se promenaient dans la cour, discutaient avec les autres prisonniers. Dans ce quartier, une grande partie des détenus étaient des personnes de bonne condition sociale en attente de procès. Théophile, en prison, retrouvait sa prime nature : il était à l'aise. Il renouait avec cette sensation de ses vingt ans d'être au centre de tout. Même les surveillants l'appréciaient. Karim était plus réservé et n'était perçu par les autres détenus que comme « l'ami de Théophile », celui à qui l'on montre patte blanche, car on le sait proche d'une personne qui compte. Cela lui convenait parfaitement, il avait toujours été discret.

Un certain changement s'était opéré chez Théophile, qui était de moins en moins en accord avec la politique menée par le gouvernement. Il venait de son avocat. Lorsqu'ils ne se voyaient pas pour préparer la défense en vue de la procès qui approchait, Théophile se plongeait dans des ouvrages censurés datant de l'ancien régime que Ruinet était parvenu à lui transmettre. Il avait commencé avec *Destin français*, publié quarante-deux ans auparavant par Éric Zemmour, un homme dont il n'avait nullement entendu parler. L'auteur y évoquait la patrie, l'identité, l'histoire, la décadence à venir aussi. Théophile n'avait jamais été un grand lecteur, mais ce livre était si différent de tout ce qu'il avait pu lire par le passé qu'il ne pouvait s'empêcher d'engloutir les pages le cœur palpitant, accompagné d'un sentiment d'angoisse familier des adolescents fumant leur première cigarette. Combien d'autres livres du même genre étaient interdits ? Certes, les propos, dans un premier temps, heurtaient souvent la sensibilité de Théophile, mais ils le ramenaient à une époque qu'il avait connue, à ses toutes premières années. Un temps si lointain à ses yeux qu'il pouvait même n'avoir jamais été. Une époque où son Parent 1 était en vie, aux côtés de laquelle il menait une existence simple, sans craindre de blesser quelqu'un par maladresse. Il avait poursuivi avec Houellebecq, Huysmans, puis Debray, Flaubert aussi. Au cours de ces mois de détention provisoire, que la compagnie de Karim et des livres avait fait paraître courts, il découvrit un autre monde. Aucun de ces auteurs ou presque, dont les personnages traversaient diverses époques d'avant 2042, n'avait mentionné la non-binarité, le choix du genre, les populations LGBTTQQIAAPKAZERTYUIOP, le privilège blanc, le langage inclusif, l'oppression patriarcale et judéo-chrétienne, les répressions antimusulmanes, le manspreading, le mansplaining, toutes les formes de racisme et de discrimination, la culture du viol, tout ce qui avait – les livres d'histoire en témoignaient – amené à la révolution électorale de 2042. Était-ce parce que tous ces auteurs étaient complices ? Cherchaient-ils à invisibiliser ces problèmes ? Se posaient-ils au moins la question des violences infligées à ces minorités ? Il aimait ce qu'il lisait, mais il ne parvenait pas à réprimer une pensée émue pour ceux qui devaient vivre leur souffrance en silence. Les longs moments passés avec Ruinet lui avaient petit à petit fait changer d'avis et en quatre mois, la métamorphose était notable. Théophile n'était pas devenu un grand réactionnaire, mais les connaissances qu'il avait acquises au cours des deux dernières décennies quant à la nature profondément inhumaine de l'ancien régime semblaient moins évidentes.

Les deux hommes se voyaient toutes les semaines selon un rituel bien établi : un surveillant venait chercher Théophile dans sa cellule, l'interrompant dans ses échanges avec Karim. Il l'emmenait au parloir pour retrouver son avocat, qui l'attendait toujours dans un costume Fursac. Ces rencontres hebdomadaires duraient le plus souvent une heure. Les trente premières minutes étaient consacrées à des discussions sur le régime, sur le monde et sur l'avenir politique de la France. Les trente suivantes à la préparation de la défense en vue de la procès. Tout au long de sa détention provisoire, Théophile était entré dans une forme d'admiration béate pour son avocat. Il avait de plus en plus l'impression d'avoir mené une existence aveugle. Ruinet lui avait redonné la vue. Il parlait très bien et suscitait même une certaine jalousie chez son client. Lors d'une de leurs entrevues, il lui avait fait une révélation devant laquelle ses premières réticences idéologiques s'étaient vite évanouies. La majeure partie de l'activité de l'avocat était partisane, il n'était pas qu'un sympathisant réactionnaire, mais aussi – et surtout – un homme engagé dans le mouvement. Du haut de sa trentaine, le jeune avocat était le responsable de la section « grand ouest » du Parti de la Réaction. Cela faisait de lui, peut-être, un homme politique de premier plan pour les années à venir ? Théophile en était certain, il devait à tout prix garder contact avec lui, s'en faire aimer, s'en faire remarquer. Lui, le médecin de province qui avait toujours rêvé de s'élever dans les sphères décisionnelles de son pays, avait l'opportunité unique de côtoyer régulièrement un homme qui, en cas d'alternance, pourrait contribuer à son propre avancement. Les sept jours d'audience aux assises lui permettraient de devenir une célébrité et, qui sait, d'être investi aux prochaines élections législatives par le Parti de la Réaction. Pour cela, encore fallait-il qu'il échappe à une condamnation.

La date de la procès avait été fixée au 18 septembre 2060, presque six mois jour pour jour après l'arrestation de Théophile au CHU. Il ne restait plus que vingt-huit jours avant l'ouverture en cour d'assises lorsque l'argumentaire construit par Ruinet et son client fut terminé. Sur le fond, l'avocat avait été très clair : tout allait être déployé pour convaincre les jurés que Théophile était une victime supplémentaire de ce régime. Lui, le médecin exemplaire, qui travaillait d'arrache-pied pour sauver des enfants au quotidien, qui n'avait jamais eu affaire une seule fois à la justice de son pays, était traîné dans la boue pour avoir exprimé une préférence. C'était là toute la stratégie de l'avocat. La déclaration des droits humain·e·s et citoyen·ne·s (anciennement Déclaration des droits de l'homme et du citoyen) disposait de la pleine valeur constitutionnelle et était restée inchangée depuis sa rédaction de 1789, à l'exception d'une réécriture complète en langage inclusif. Dès lors, il mettrait en avant l'Article 8 : « La loi ne doit établir que des peines strictement et évidemment nécessaires », l'article 10 : « Nul·le ne doit être inquiété·e pour ses opinions pourvu que leur manifestation ne trouble pas l'ordre public établi par la loi » et l'article 11 : « La libre communication des pensées et des opinions est un des droits les plus précieux de l'être humain. » En mettant directement en cause la constitutionnalité du chapitre pénal sur les violations des principes de l'inclusion, Ruinet voulait faire la procès du régime tout entier. Il allait soulever la nécessaire requalification de certaines discriminations en « préférences », arguant que la diversité des goûts était inhérente à l'être humain. Théophile savait que cette défense était risquée, et que certains vices de procédure auraient sans doute été plus efficaces pour obtenir une relaxe. Peu importe : cette défense-là était la plus compatible avec la médiatisation qui serait faite de la procès, sous l'impulsion des contacts de Ruinet. Il s'imaginait déjà rejoindre officiellement les rangs du Parti, gagner en notoriété aux côtés de Pierre, lutter par les urnes… Il se voyait battre la campagne lors des prochaines élections. Et qui sait, peut-être avec une victoire à l'arrivée ? Ces projections mentales ravivaient en lui certaines flammes de sa jeunesse et lui rappelaient que son destin n'était, après tout, pas encore scellé.

V

Pour la première fois depuis qu'il l'avait rencontré au commissariat, il y a six mois, Pierre Ruinet était nerveux. Il tremblait. Ses mains étaient moites et il multipliait les mouvements inutiles.

« Tout va bien, maître ?

— Oui, mais pour ne rien vous cacher, je ressens une certaine tension, la procès commence demain, et ce dossier me tient vraiment à cœur. De toute façon, je fonctionne mieux sous pression. On va gagner. »

L'inquiétude de son avocat ne perturba pas le moins du monde Théophile, qui se fit soudainement pensif.

« J'ai une sensation déconcertante, comme lorsque quelque chose de tout à fait ordinaire devient étrange. Il m'a semblé surprenant que vous ayez dit *la procès* au lieu de *le procès*, même si je sais que votre formulation est correcte. » Ruinet rétorqua, visiblement agacé, que cela devait être le résultat d'un vague souvenir d'école. Il ajouta qu'il y avait déjà un moment que plusieurs mots, dont *procès*, avaient été féminisés par l'Académie française dans le but d'équilibrer le genre masculin et féminin, dépassant ainsi les incomplétudes du langage inclusif. Il marqua une pause puis jeta un regard irrité sur son client :

« Vous passez demain en cour d'assises, je vous rappelle ! On parle de vingt ans de réclusion là, il faudrait peut-être songer à arrêter de disserter sur des considérations littéraires, non ?

— Oui, bien entendu, maître, lui répondit-il penaudement.

— Bien, il nous reste une vingtaine de minutes avant que le surveillant ne vous récupère. Pour demain, vous arrivez vers 8 heures à la maison des repentances. Vous serez menotté, c'est la procédure, on ne peut rien y changer. J'ai aussi essayé de faire venir vos proches, mais on dirait que vous vivez en parfait misanthrope ! Personne ! Ni collègue, ni famille, ni ami... Attendez-vous à une audience bien calme. »

Il y avait quelque chose d'assez humiliant dans les paroles de Ruinet. En un éclair, une triste introspection gagna Théophile. Il est vrai qu'en plus de quarante ans d'existence, ses liens sociaux avaient été bien ternes. Peu d'amis, voire pas du tout. Des collègues de travail qui parfois l'invitaient à un barbecue, à une pétanque ou à une randonnée. Quelques tentatives de relations affectives, le plus souvent avortées. Ce n'était pas tant la peur de commettre une discrimination par mégarde que celle de n'avoir rien à dire qui le poussait à la solitude. Là encore, son adolescence lui manquait. Ses seuls véritables amis et lui s'étaient naturellement éloignés après le baccalauréat.

« Par contre, reprit son avocat, on va mettre le parti en branle-bas de combat pendant toute la durée de la procès. Ça va être un carnage, croyez-moi !

— Pourquoi ne pas lancer le mouvement dès demain ?

— C'est au niveau national que ça bloque. Le siège du parti à Paris a peur que je me serve de cette procès pour étendre mon influence et transformer ma réputation militante locale en notoriété nationale. On voit ça d'un mauvais œil et, pour l'instant, on fait barrage à mes initiatives. Je vais passer outre les ordres en tentant de faire venir des militants de la section nantaise à la procès, pour vous soutenir.

— Et les journalistes, ce sont eux qui sont essentiels ! Vos amis, vous deviez les contacter ! s'emporta Théophile.

— Mes amis journalistes sont réactionnaires, ils ne désobéiront pas au parti. Demain, répondez avec respect aux questions du juge et ne vous mettez pas en porte-à-faux, je m'occuperai de plaider, et, d'ici là, je vais tout faire pour convaincre le siège du parti de nous aider. »

Un surveillant se présenta, et Théophile s'éclipsa sans un mot pour Ruinet, affichant simplement un regard désabusé. En cellule, il donna un coup de pied mollasson dans son matelas, feignant l'exaspération. Il se sentit aussi ridicule d'avoir visé un objet qu'il n'aurait pu aucunement endommager que d'avoir en apparence remplacé son agacement par une colère noire. Ce court épisode aberrant d'absurdité trompa cependant Karim qui s'empressa de demander si tout allait bien.

« Oui, tout va bien. Je crois que ma procès de demain me rend nerveux. Mon avocat m'avait promis de mobiliser le parti en soutien, j'attendais une foule, des journalistes, du bruit ! Il n'en sera rien. Peut-être qu'après tout je vais vraiment les prendre, ces vingt ans de réclusion… Tu imagines un peu Karim ? Vingt ans ici !

— Oui, je te rappelle que je risque la même chose. J'imagine bien. Et paradoxalement, ça poursuit une logique qui s'entend…

— Je te demande pardon ?

— Eh bien, regarde plutôt. Dans l'ancien régime, après la Révolution de 1789, un pouvoir transitoire avait pris la tête du pays pendant deux ans à partir de 1793. Son nom était la Terreur. L'objectif affiché était de permettre le succès de la révolution d'alors et de ses idées en instaurant une période d'excès où tout opposant ou assimilé était exécuté. »

Théophile resta pantois. Un instant, il se prit à croire que Karim n'avait rien appris de ces derniers mois et qu'il était toujours intoxiqué par les arguments du régime. Il ne dit rien, mais sa curiosité était piquée à vif. Karim reprit :

« Nous vivons un moment similaire. Nous vivons la terreur qui suit la révolution de 2042. Nous avons vocation à être sacrifiés sur l'autel des excès que nécessite l'accomplissement de l'inclusion et je ne sais pas si nous pourrons éviter l'échafaud.

— Arrête, tu me fais froid dans le dos ! reprit Théophile, sèchement

— L'échafaud est une image, mais tu m'as compris.

— On va s'en tirer.

— Puisses-tu avoir raison. J'aimerais partager ton optimisme. Et je n'ai pas le soutien du Parti de la Réaction. J'ai au moins le tien et ça compte beaucoup pour moi.

— En tout cas, je n'avais jamais entendu parler de cette histoire de Terreur postrévolutionnaire. Selon mes programmes scolaires, la Révolution avait simplement mis fin au régime despotique de la monarchie et libéré les hommes du joug catholique.

— Ah ! Tu sais, les programmes scolaires… reprit Karim, dépité.

— Quoi les programmes scolaires ?

— Ils n'ont pas grand-chose d'historique. Je passais mon temps à enseigner aux enfants qu'il y avait trois moments dans l'Histoire de France. Un premier terrible où les minorités étaient massacrées, un second après la Révolution de 1789 qui avait tenté d'y mettre fin, mais qui n'avait pas réussi à empêcher le retour d'un régime de discriminations et de racisme systémiques et un troisième et dernier avec la révolution électorale de 2042, qui est parvenue à enfin établir un régime d'égalité et de respect. Le reste, c'était beaucoup de circonvolutions autour des bienfaits pour les citoyens des différentes lois votées par le régime. »

Ces paroles mirent Théophile mal à l'aise. Plus rien ne fut dit et chacun s'endormit. À peine ses paupières avaient-elles semblé claquer que la nuit, déjà, fut passée. En se réveillant, Théophile ne ressentait aucune excitation. Il pensait depuis six mois que le jour de la procès venu, il serait prêt à en découdre. Il n'en était rien. Il se sentait accablé. Il aurait donné sa vie en échange d'une tartine beurrée à la confiture d'églantine, d'un bain bouillonnant et d'une caresse des mains fraîches de son Parent 1. Du champagne Roederer, aussi. Il dissimulait de plus en plus mal ses tremblements. De façon paradoxale, ces désirs nostalgiques le firent passer en un instant de la résignation à l'enthousiasme. Il n'aurait plus une telle possibilité de se faire connaître. Théophile s'apprêta en se parfumant et en enfilant son costume Fursac favori qu'il avait emporté en cellule avec lui pour cette occasion spéciale. En attendant que le surveillant ne vienne le chercher, il se rendit compte que peu de personnes, sans doute, avaient eu l'opportunité de savoir exactement à quel moment de leur vie le zénith s'était fait jour. Lui le savait. C'était maintenant.

Le surveillant frappa à la porte. Théophile se dirigea, escorté, d'un pas décidé vers la fourgonnette pénitentiaire. Lorsqu'elle avança dans la cour de la Maison des repentances de Nantes, Théophile entendit une clameur s'élever. Plus le tribunal se rapprochait, plus les cris des partisans se faisaient pressants. « Je savais que je pouvais compter sur Ruinet ! Je le savais ! », se dit Théophile, angoissé et euphorique à la fois. Il commençait à trembler un peu, mais cette fois-ci ce n'était pas son alcoolisme. La fourgonnette s'arrêta, les portes s'ouvrirent. Théophile, les mains menottées, s'engouffra vers l'extérieur, les doigts levés en signe de victoire, encore ébloui par la soudaine lumière du jour. Sa vision s'éclaircit lorsqu'il aperçut une vingtaine d'individus hostiles lui hurler dessus. Malgré les quolibets, il poursuivit péniblement son chemin vers l'entrée de la Maison des repentances. Des cris comme « En taule les fachos ! », « Perpétuité pour les monstres ! », et « Un brunophobe, une balle ! » l'assaillirent. Il distingua aussi quelques journalistes, peu nombreux. Encore sonné, il pénétra dans la salle d'audience par la porte réservée aux accusés et découvrit pour la première fois son avocat vêtu de sa robe noire, juste en contrebas de lui. À peine assis, l'esprit bousculé, il fut aussitôt interpellé par Ruinet.

« Comment vous sentez-vous ? Je suis désolé pour tout ça, je vous expliquerai. »

Théophile eut tout juste le temps d'entendre la question lorsqu'une sonnerie retentit, suivie d'une déclaration solennelle.

« La Cour. »

Encore tout essoufflé, il se fit relever par un policier puis regarda ses juges. Ils étaient trois, la présidente avait les cheveux teints en bleu. Le temps était compressé. La magistrate commença à parler, mais Théophile, qui venait de se rasseoir, n'écouta rien. Il analysait les parties prenantes : les neuf jurés, le procureur de l'Inclusion et le public, composé en grande partie des gens qui l'avaient insulté à l'extérieur. Il cherchait à retenir des visages lorsqu'une tape de son avocat sur l'épaule l'arracha à ses pensées. La magistrate le regardait fixement et dit d'un ton sec et moqueur, provoquant l'hilarité de la salle :

« Eh bien, l'accusé a-t-il, en plus d'être sourd à l'inclusion de tous, des problèmes d'audition ?

— Mon client a effectivement des problèmes d'audition, mais n'est pas sourd, madame la présidente. J'observe toutefois que non contente de nous prouver que cette procès se fera à charge, vous aimez à rire des personnes handicapables et de leur situation », répondit Ruinet, rendant brutalement silencieuse une salle dont une odeur de culpabilité se dégageait soudain.

La magistrate aux cheveux bleus balbutia quelques onomatopées et rougit des pommettes, créant un ensemble étrangement similaire au drapeau tricolore. Elle se reprit et retrouva son masque théâtral en même temps que son français.

« Je présente mes excuses à l'accusé, quiconque me connaît sait bien que…

— Cet argument n'est pas valable, madame la présidente ! l'interrompit Ruinet. Mon client ne serait certainement pas sur ce banc si le degré de proximité avec les gens avait un fondement juridique ! Vous venez de vous rendre coupable d'handiphobie et si mon client est ici, c'est que votre place, madame la présidente, est de l'autre côté de la barre, je demande solennellement au parquet de vous poursuivre au titre du chapitre pénal des crimes contre l'inclusion ! »

Un brouhaha immense se fit entendre dans la salle d'audience. De mémoire d'avocat, Ruinet n'avait jamais connu de telle agitation dans un tribunal. Il se retourna discrètement, affichant un large sourire, puis fit un clin d'œil à Théophile, qui sourit à son tour, sans rien comprendre à ce qui venait de se passer. Pourquoi Ruinet lui avait-il inventé un handicap et surtout pourquoi attaquait-il si vertement celle qui déciderait de son sort ? Ces questionnements trouvèrent assez vite une réponse lorsque l'épars vacarme du tribunal s'unit progressivement en un slogan scandé comme un seul homme par toute l'assistance : « LE VALIDISME EST UN ARCHAÏSME ! » La magistrate demeurait passive, livide, impuissante et presque contemplative, lorsqu'une épaisse cigarette électronique vint s'écraser avec violence contre son front. Ce projectile envoyé depuis le public avait sonné le glas de l'audience. La police s'empressa d'évacuer la salle tandis que la présidente, qui avait perdu connaissance, était évacuée sur civière. Théophile, qui n'avait pas encore prononcé un mot, se faisait escorter, aux côtés de son avocat, vers la fourgonnette destinée à le ramener en prison. Comme ils l'avaient convenu la veille, à peine arrivé sur les lieux de sa détention, Théophile retrouva Ruinet au parloir afin de revenir sur cette première journée très agitée.

« Je vais être honnête, je n'ai absolument rien compris à ce que nous venons de vivre, commença Théophile.

— Eh bien c'est très simple, nous voulions une couverture médiatique : nous l'avons ! La presse ne pourra pas passer à côté de ce qui s'est produit aujourd'hui. Il y a fort à parier que la magistrate se verra retirer la procès à la suite de ses propos, lui répondit l'avocat.

— Mais tout de même, j'ai l'impression que nous faisons exactement ce que nous reprochons au régime en accusant la juge d'handiphobie pour une petite boutade… »

Quelques instants de silence s'imposèrent naturellement, puis Ruinet reprit :

« Nous ne faisons pas la même chose qu'eux : nous pointons du doigt leurs incohérences. Voilà comment nous gagnerons ! Voilà quelle devra être notre ligne pour les jours à venir. Pour être franc, je me suis trompé. Nous ne pouvons sortir vainqueurs de cette procès en l'état : le droit est stupide, mais il est contre nous. Votre meilleure chance d'être libéré, c'est que nous réussissions à faire peser l'opinion publique en notre faveur grâce à une forte médiatisation de la procès. Aujourd'hui, de ce point de vue, n'aura pas été inutile. »

Les deux hommes se dirent au revoir, et Théophile rentra dans sa cellule, dubitatif. Ruinet venait de lui annoncer qu'il renonçait à six mois de préparation juridique de la procès. Là, son codétenu Karim l'attendait, arborant un large sourire et lui sautant dans les bras.

« Mais enfin ça ne va pas ? Quelle mouche t'a piquée pour réagir ainsi, je ne suis parti que depuis ce matin. »

Karim fixait Théophile avec amitié, puis lui lança, tout heureux :

« Eh bah mon vieux, tu sais déchaîner les passions toi !

— Tu es déjà au courant ? s'étonna Théophile.

— Ça passe en boucle aux infos, regarde ! »

Son geste accompagnant la parole, Karim alluma la télévision et mit au hasard une chaîne d'information en continu. Comme il l'avait dit à Théophile, le bandeau du bas de l'écran indiquait « Incident au tribunal de Nantes, le juge se rend coupable en direct du crime reproché à l'accusé ! » Les journalistes s'amusaient de cette scène et le fait divers intéressait à l'excès tous les plateaux de télévision des chaînes sur lesquelles Théophile zappait frénétiquement.

« C'est dingue !

— Tu veux savoir ce qui est le plus dingue ? J'ai trouvé ce qu'il te fallait pour fêter ça. »

Il eut à peine le temps de s'interroger sur la nature du cadeau que déjà, Karim sortit une bouteille de champagne, un Roederer 2051. Le présent eut l'effet escompté et une euphorie inédite s'empara de Théophile.

« Tu es fou ! C'est interdit, comment as-tu pu te procurer une bouteille ici ?

— Mais non, c'est permis ! Une jurisprudence récente autorise les personnes alcoolodépendantes à consommer 75 cl d'un alcool de leur choix par semaine en détention. L'objectif des autorités est d'éviter que leurs propres établissements n'importent un modèle alcoolicophobe et discriminatoire. Pour une fois que la réglementation est favorable, j'allais pas me priver de te faire plaisir !

— Merci, merci, merci mille fois ! Tu ne sais pas combien ça me touche. Allez, avant qu'il ne se réchauffe davantage, je nous sers un verre.

— Ça ira, je te remercie. C'est pour toi ! Même si je me suis fait passer pour un alcoolique afin de me la procurer, je n'en boirai pas pour autant ! » répondit Karim, amusé.

À la fois déçu de ne pas partager un moment convivial avec son ami, mais heureux d'avoir plus de champagne pour lui, Théophile insistait et demandait des explications. Son codétenu, avec une sécheresse inhabituelle, mit fin au débat :

« C'est contre ma religion. Je suis musulman. Je ne bois pas d'alcool. C'est tout. »

Théophile se servit un grand verre qu'il avala bien vite, puis un autre et termina la bouteille en un peu plus d'une heure. Les discussions se succédèrent au rythme des gorgées qu'il enchaînait, et les deux hommes passèrent un excellent moment, alternant rires et propos sérieux. Théophile renouait avec l'ivresse et il aimait ça. En six mois, il avait perdu l'habitude de boire et se sentait plus saoul que jamais. Une drôle de sensation le traversa. Lui, qui n'avait jamais été porté sur le sexe d'une manière générale et encore moins avec des hommes, eut soudainement une envie irrépressible d'embrasser son compagnon de chambre. *J'ai probablement trop bu, c'est une mauvaise idée*, se disait-il intérieurement. *Mais après tout, Karim m'admire énormément, peut-être est-il amoureux de moi* ? Théophile était perdu. Sans doute était-ce la détention, l'abstinence sexuelle, cette première bouteille depuis des mois, qui lui faisaient avoir des pensées que jamais il n'aurait imaginé avoir. Tant pis, il tenta sa chance. À peine Karim eut-il le temps de comprendre ce qu'entreprenait Théophile qu'il le frappa une première fois violemment au visage. Théophile s'effondra. Il fut à nouveau frappé au sol. Son codétenu se mit à crier :

« Ça va pas ? T'es pédé c'est ça ? Espèce de grosse pédale, tu veux que je t'apprenne un peu à te tenir bien ? Je t'offre du champagne et en retour tu veux me baiser ? Espèce de taré va ! »

Sur ces paroles, Karim se coucha. Théophile, qui allait bien malgré les coups, en fit autant, et plus rien ne fut dit. Il tremblait. Comment son ami, d'ordinaire si doux, si gentil, si dévoué, si discret, avait-il pu le rouer de coups ? C'était comme si quelqu'un d'autre avait pris possession de son camarade. Il se sentait stupide et humilié.

VI

Au deuxième jour de la procès, Théophile attendait la cour fièrement dans le box des accusés. Le trajet jusqu'au tribunal lui avait fait penser à celui qu'avait fait Rokhaya Diallo lors de son élection à la présidence de la République vingt ans plus tôt : accompagnée par une horde de caméras et de micros. Son accession à la Maison des repentances, quant à elle, était semblable à l'arrivée d'un ministre en tribune officielle pour le défilé des fiertés du 14 juillet. Théophile avait pris en vingt-quatre heures une importance médiatique dont il avait toujours rêvé et il se figurait déjà une ascension politique fulgurante. Son avocat, lui aussi, était très satisfait de la tournure des événements et n'avait pas hésité à traîner longuement devant les micros de tous les médias réunis pour l'occasion. Soudain, alors que chacun s'attendait à entendre la traditionnelle voix annonçant « La Cour », la magistrate aux cheveux bleus fit son entrée, seule, dans un silence assourdissant, munie d'une simple feuille sur laquelle était inscrit un texte manuscrit. Debout et tremblante, elle commença sa lecture :

« À vous, personnes concernées par le handicap, personnes présentes dans la salle, personnes ayant été blessées par mes propos handiphobes tenus lors de l'audience d'hier, à toutes les personnes que mes paroles ont offensées : je présente mes plus plates excuses. »

Sur ces mots, la magistrate laissa tomber quelques larmes sur ses joues, puis reprit, des trémolos dans la voix :

« La fonction de magistrat requiert une parfaite exemplarité que je n'ai pas su incarner hier. Mon attaque violente et gratuite contre les personnes handicapables est la preuve la plus absolue qu'il nous faut tous continuer la lutte. Même lorsque l'on croit se battre pour le bien, comme je l'ai fait depuis quinze ans, il reste des préjugés, des stéréotypes et des violences issues de l'ancien régime que nous n'avons pas complètement fait disparaître. Je prends la pleine mesure de la portée de mon crime contre les principes de l'inclusion et démissionne immédiatement de mes fonctions pour répondre pleinement de mes actes devant les autorités compétentes. Je vous présente à nouveau mes excuses, et vous remercie de m'avoir écoutée. »

À la fin de ce monologue, rendu interminable par les sanglots jusqu'alors visibles, mais réprimés de la magistrate, celle-ci s'effondra complètement et fit couler toutes les larmes de son corps. Dans un silence toujours ininterrompu, deux policiers la menottèrent et l'emmenèrent hors de la salle d'audience. Personne n'osa émettre le moindre son. Ruinet et Théophile n'en revenaient pas. Mais alors que l'avocat avait des difficultés à dissimuler son sourire, celui qui était encore, quelques minutes avant, le seul accusé de la salle, éprouvait une forme de culpabilité. Il avait le sentiment d'avoir contribué à détruire la vie d'une femme. Une voix familière interrompit finalement le calme ambiant :

« La Cour ! » Trois magistrats pénétrèrent dans la salle d'audience. Seule la présidente avait changé : en lieu et place de la magistrate aux cheveux bleus, une nouvelle magistrate, à la figure banale, fit son entrée. C'était Marie-Hélène de Saint-Véran. Entièrement chauve, tatouée, percée, son apparence ne détonnait pas particulièrement parmi les autres magistrats de la justice française, mais elle s'était forgé une réputation depuis plusieurs années en étant surnommée « la bourrelle des malveillants ». Impassible et intraitable, cette juge spécialisée dans les affaires de crimes contre l'inclusion avait régulièrement occupé la Une des journaux pour avoir prononcé des peines exemplaires. Médiatique, Marie-Hélène de Saint-Véran n'hésitait pas à revendiquer son homosexualité en affichant son couple dans *Paris-Match*. Plusieurs journalistes l'avaient même placée en bonne position pour devenir ministre de la Justice lors du dernier remaniement de la présidente Diallo. Il n'en fut finalement rien. Théophile et son avocat la reconnurent immédiatement et tous les deux se dirent que cette affaire prenait définitivement une tournure politique. Une fois les formalités de début de séance effectuées, la procès put commencer et le fond du sujet être étudié, devant une horde de journalistes heureux de pouvoir profiter de la récente loi « transparence discriminations » permettant aux caméras de télévision, en dérogation au droit commun qui, d'ordinaire, l'interdit, d'accéder aux salles d'audience dans le cadre des procès de crimes contre les principes de l'inclusion. Il était essentiel pour le pouvoir de communiquer sur son action en la matière.

Six heures durant, Pierre Ruinet fut flamboyant. Démontant les unes après les autres chaque attaque du parquet, pointant du doigt les incohérences de certains arguments contre son client. Rien ne pouvait l'arrêter. La salle d'audience, plutôt hostile la veille, s'était même surprise à soutenir la défense lorsque l'avocat, transformé par ce qu'il savait être un tremplin inouï, avait tourné en ridicule la présidente de séance dans un échange qui devint instantanément viral dans le métaverse :

« Madame la présidente, je ne vous fais aucune injure en disant que vous êtes homosexuelle, ce qui est parfaitement normal.

— Je le suis en effet, mais quel intérêt de le rappeler ici, maître ?

— Vous n'avez pas besoin de moi pour ce faire, madame la présidente. Vous exposez votre amour régulièrement dans les magazines. »

La salle esquissa un sourire, puis Ruinet enchaîna :

« Et bien j'ose le dire, madame la présidente, vous êtes misandre. Cette fois-ci, la salle, bruyante parce que choquée, dut être rappelée à l'ordre par la présidente de séance, qui reprit rapidement la parole.

— Je ne vous permets pas ! Ne dépassez pas les bornes, maître Ruinet, vous pourriez être poursuivi pour outrage à magistrat ! s'emporta Mme de Saint-Véran.

— Eh bien, pourriez-vous aimer un homme ? s'entêta l'avocat.

— Cessez de poser des questions auxquelles vous avez les réponses ! Évidemment, non, je suis homosexuelle, comme vous l'avez rappelé ! »

Ruinet de reprendre, arborant un sourire narquois :

« Madame, puisque vous aimez les femmes, vous n'aimez pas les hommes, sous prétexte qu'ils n'appartiennent pas à votre genre, vous les discriminez en ne les choisissant jamais. »

À bout, la magistrate répondit avec véhémence.

« Vous dites n'importe quoi ! Vous confondez tout et ne parlez à aucun moment de droit ! Évidemment que je ne vais pas vers les hommes, puisque j'exprime ma préférence pour les femmes. Concentrez-vous sur le droit maître, c'est votre métier.

— Alors, reprit de plus belle Ruinet, vous préférez les femmes. Fort bien, rien ne vous en empêche. Qu'est-ce qu'une femme, madame la présidente ?

— Je ne suis pas là pour répondre à vos questions, mais pour en poser.

— J'insiste, puisque vous préférez les femmes, et cela est bien normal, vous devriez pouvoir nous dire ce qu'est une femme. Sont-ce ses seins ? Son vagin ? La grossesse ?

— Vous êtes volontairement provocateur et ceci est ma dernière mise en garde, maître. Vous le savez très bien, une femme n'est rien de tout cela. Une femme, c'est une personne humaine qui s'identifie comme étant une femme. Point.

— Comme votre compagne, dont l'histoire a été si souvent contée dans les médias. Elle est devenue femme parce qu'elle s'identifiait comme telle. Mais si aucun élément objectif ne définit ce qu'est une femme, pourquoi a-t-elle choisi de se faire opérer et poser une poitrine proéminente pour en devenir une, madame la présidente ? »

Un grand silence emplit la salle d'audience, suspendue à la réaction de la magistrate.

« Eh bien, elle a voulu… euh, en réalité c'est sa manière de s'identifier au sexe, enfin au genre féminin, mais, enfin il y en a d'autres. Sachez que je vais porter plainte, maître, conclut-elle, cette fois-ci très calmement.

— Voilà, vous ne savez pas répondre. Voyez-vous, mon client, lui est au moins capable de définir ce qu'est une personne blonde ! »

Hilarité et applaudissements dans la salle, soulagée que le dénouement ait enfin lieu et n'attendant que la conclusion pour lâcher des rires jusqu'ici retenus. Ruinet avait un large sourire d'autosatisfaction, il venait de piéger en pure rhétorique, devant toutes les caméras, celle qui était le symbole de la justice inclusive. Pierre avait conscience qu'il n'avait en rien progressé sur le fond, mais qu'il allait être plus rude pour elle désormais de se faire défenseur des femmes sans savoir les définir. La magistrate, tentant de couvrir le vacarme ambiant, s'essaya à avoir le dernier mot.

« Vous ne faites pas du droit, vous faites de la politique, vous êtes ridicule et votre place est dans le siège de l'accusé. »

Cette fois-ci, le brouhaha était tel que Marie-Hélène de Saint-Véran n'eut d'autre choix que de mettre fin à l'audience, avant même que l'accusé n'ait eu le temps de prendre la parole. Dans la fourgonnette qui le ramenait vers sa maison d'arrêt, Théophile était pensif. Voilà déjà deux jours que la procès avait commencé et il n'avait pas encore prononcé un mot. Les médias, qui avaient en ce jour répondu présents, n'en avaient que pour Ruinet. Ruinet, c'était bien lui la vedette de cette procès. Depuis la veille, tout le monde ne parlait que de lui : à la télévision ou au tribunal. Théophile se sentait transparent. « Quelle injustice ! » se disait-il. Un drôle de sentiment le traversait : il était heureux pour lui-même que son avocat fût si talentueux, mais ses formidables prestations l'exaspéraient. Lui aussi pouvait briller. Si seulement on lui avait laissé la parole. Cette affaire portait son nom, il risquait vingt ans de réclusion, mais c'est bien Ruinet qui tirait toute la couverture à lui. Et alors qu'il pensait que cette fin de journée ne pouvait pas être pire, il se souvint qu'il allait maintenant devoir affronter son codétenu, Karim. Il allait lui falloir du courage pour expliquer à celui qui l'avait frappé la veille que sa malheureuse tentative avortée ne disait rien de lui et de sa sexualité.

Théophile pénétra penaudement dans sa cellule, où l'attendait Karim. Ce dernier ne laissa pas le temps à la gêne de s'installer et prit immédiatement la parole :

« Je suis désolé pour hier soir. Je me suis emporté. Je n'aurais jamais dû te frapper. Je n'avais pas idée que tu étais homosexuel.

— Non ! Je ne suis pas gay ! le coupa Théophile. J'étais simplement stressé, ivre et je ne sais pas ce qui m'est passé par la tête, c'est incompréhensible.

— Je n'ai rien contre les homosexuels, mais depuis le plus jeune âge, j'ai grandi dans un milieu familial, disons… hostile et méfiant envers ce genre de pratiques. Je l'ai toujours dissimulé évidemment, mais une part de moi… Je suis gêné par ça. J'ai conscience de dire quelque chose d'horrible. Je le dis parce que c'est toi, ne le répète surtout pas, déjà que je suis en prison pour avoir invisibilisé des communautés LGBTQIAAPKAZERTYUIOP… »

Théophile, lui, n'était en rien dérangé par les homosexuels. Mais il ne voulait pas épiloguer et était ravi que son ami réagisse ainsi à l'incident de la veille. Il reprit :

« Peu importe. Disons que ce moment n'a jamais eu lieu. De toute façon, je ne suis pas gay. Parlons d'autre chose. Tu m'as dit hier que tu étais musulman. Je l'ignorais ! Je ne t'ai jamais vu prier.

— Si, je rattrape mes cinq prières le soir, le plus souvent quand tu es déjà endormi. La foi a une grande importance pour moi, elle est d'ailleurs intimement liée à l'amour que je porte à la France. »

Théophile, sans rien dire, fit une mine interrogative et fronça les sourcils, demandant ainsi de façon non verbale plus de détails. Karim poursuivit :

« Je suis enfant d'immigrés marocains. Mes parents ont quitté leur pays lorsque celui-ci commençait à redevenir laïc. Ils sont venus chercher l'eldorado islamique en France : ici, il était possible de vivre sa foi librement ! Porter le voile pour ma mère, la djellaba pour mon père, afficher l'amour du prophète dans la rue sans problème. J'aime ce pays de tout mon cœur pour ça et je ne comprends pas ma présence dans cette prison. Ce pays qui a toujours été synonyme de liberté pour ma famille m'emprisonne aujourd'hui. Ma vie d'avant me manque. »

Sur ces mots, Théophile se dit qu'il ne partageait pas ce sentiment. Sa vie d'avant à lui était ennuyeuse. Au moins maintenant, il avait un proche ami, un quotidien plus palpitant que jamais et même, pourquoi pas, des perspectives de réussite en politique ! Il répondit cependant : « À moi aussi, elle manque. » Karim avait inhabituellement l'air d'avoir envie de se confier.

« Je sentais bien que le régime se durcissait. Depuis quelques années, plusieurs lois ont discriminé les musulmans, que la présidente s'était pourtant promis de protéger dès son accession au pouvoir.

— Tu penses à la Loi Coffin ? » demanda Théophile.

La Loi Coffin, votée quelques années plus tôt, avait sans doute été la plus ambitieuse conduite par la présidente Diallo dans ses vingt années à la tête de l'État. Dans l'objectif de mettre un terme aux multiples discriminations subies par les minorités et aux privilèges cisgenres blancs hétéronormés, un système de points avait été établi dans la sphère professionnelle. Les appartenances de genre, de religion, d'orientation sexuelle et de race étaient toutes associées à un nombre de points. Les « privilèges historiques » – blanc, chrétien, homme, hétérosexuel – étant ceux qui en obtenaient le moins, à l'inverse des indicateurs de discriminations systémiques. Entre plusieurs CV identiques, cette loi obligeait désormais un employeur à choisir celui qui présentait le meilleur score. Ce progrès, qui se voulait plus efficace et plus complet que la loi préexistante des quotas, avait toutefois posé un certain nombre de problèmes. En effet, en moins de cinq ans, plus de 50 % des Français s'étaient déclarés homosexuels, dans certains cas uniquement afin de disposer d'un nombre de points plus conséquent, falsifiant leur orientation sexuelle réelle. Au sein même de la majorité présidentielle, des députés, vite écartés, étaient allés jusqu'à s'interroger sur la pertinence d'une valorisation moindre en points de l'hétérosexualité par rapport à l'homosexualité, désormais statistiquement majoritaire.

« Par exemple, oui, répondit Karim. Ce n'est pas un hasard si nous nous sentons de moins en moins appartenir à ce pays. La Loi Coffin nous a beaucoup défavorisés et les revalorisations des points attribués aux musulmans n'ont jamais suffi à compenser notre retard sur d'autres catégories. Il n'y a pas beaucoup de transsexuels dans notre religion… Pas de cumul possible.

— Oui, j'avais lu que l'effritement électoral du Parti Inclusif s'expliquait en partie par la perte du vote musulman, qui allait parfois même jusqu'à voter réactionnaire !

— Ça n'a pas grand-chose de surprenant. On peut marginalement se retrouver avec les réactionnaires. Certaines de leurs valeurs sont aussi les nôtres. »

Théophile n'était pas d'accord, mais il n'avait ni la force ni l'envie de se lancer dans un débat politique. Il fit donc dévier la discussion sur sa procès. Mais, à peine Karim eut-il le temps d'encenser la défense de Ruinet, que Théophile se rendit compte qu'il n'avait aucune idée de l'état d'avancement des déboires judiciaires de son codétenu. Il était tellement centré sur lui-même qu'il n'avait jamais songé à se renseigner sur la procès de celui qui était devenu son meilleur ami. L'interrompant, il dit, désolé : « Je suis si préoccupé par mes affaires que j'en ai négligé les tiennes… Où en es-tu de ta procès ? » Souriant, Karim afficha un air semblable à celui que l'on arbore lorsqu'on passe son anniversaire en compagnie d'un proche qui l'a oublié.

« Ma procès s'est terminée il y a neuf jours et les délibérés en durent dix. Je connaîtrai donc mon verdict demain. »

Théophile, se confondant en excuses, rougit un peu. Son codétenu posa une main amicale sur son épaule, concluant qu'une journée éprouvante les attendait tous les deux le lendemain, et qu'il valait mieux se coucher.

◆

En arrivant au tribunal, pour ce troisième jour de procès, Théophile était déterminé à reprendre la main et à attirer à son tour la lumière sur lui. Il l'avait décidé, il ferait une déclaration tonitruante à la presse aujourd'hui. À peine descendu de la camionnette, Théophile fut frappé par un silence reposant. Personne.

Pas de journalistes. Pas de foule pour l'accueillir, ni militante ni hostile. Retrouvant son avocat devant la maison des repentances, il lui demanda :

« Mais que se passe-t-il ? Où sont tous les journalistes qui étaient présents hier ? Et la foule ?

— Vous n'avez pas regardé les informations ? Une actualité brûlante a émergé… Au pire moment ! Tant qu'elle dure, nous n'intéresserons plus la presse. Ne perdez pas espoir, à tout de suite en salle d'audience. »

Comme à leur habitude, les policiers accompagnèrent Théophile à l'intérieur. Il y avait là une douzaine de personnes assises, des militants du Parti de la Réaction, pour la plupart. C'était une maigre consolation que d'avoir réussi à les faire venir, grâce à la récente notoriété d'avocat réactionnaire talentueux de Ruinet. L'audience s'ouvrit et Marie-Hélène de Saint-Véran, la présidente, expliqua que la journée serait consacrée à entendre le mis en cause. Théophile se rendit compte à cet instant qu'il avait vraiment une poisse de l'enfer. Sa prise de parole fut excellente. Dans un mimétisme remarquable, il emprunta à son avocat ses traits d'éloquence les plus saillants et parvint, des heures durant, à conquérir le public resserré présent dans la salle. Pour ce qui était du jury et des magistrats, il n'avait aucune certitude quant aux effets produits par sa prestation. À la fin de l'après-midi, Théophile, félicité par Ruinet pour sa réussite du jour, n'arrivait pas à compenser sa déception d'avoir enfin parlé dans une salle vide par l'autosatisfaction d'avoir brillé. De retour à la maison d'arrêt, il se réjouissait d'avance de pouvoir passer une soirée, désormais presque traditionnelle, à raconter sa journée et refaire le monde avec son ami Karim. Mais, arrivé dans sa cellule, pour la première fois, il était seul. Ne comprenant pas, il appela un gardien. Ce dernier lui expliqua que son codétenu avait été condamné à dix-huit ans de prison, avec mandat de dépôt. En d'autres termes, reconnu coupable, il avait été immédiatement incarcéré dans l'établissement où il allait purger sa peine. Leur maison d'arrêt n'avait vocation qu'à accueillir les détenus en attente de jugement. Théophile se surprit à fondre en larmes. Son ami allait lui manquer. Il demanda à être inscrit pour une consultation ultérieure avec l'addictologue carcéral, dans le but de se faire enregistrer en tant qu'alcoolique et de bénéficier des 75 cl autorisés chaque semaine aux personnes dans cette situation, puis alluma machinalement la télévision. Il découvrit alors pourquoi sa superbe prestation du jour était passée inaperçue. Un accord historique avait été signé le jour même entre la France, représentée par la présidente Diallo, et le Califat Nord de Seine qui avait obtenu son indépendance une décennie plus tôt. Les deux pays venaient d'acter un droit à la migration des musulmans de France vers le Califat sans contrainte. Jusqu'alors, le gouvernement français entretenait des rapports froids avec ce pays enclavé dans le territoire national et avait interdit la fuite de musulmans français vers leurs voisins islamiques. Sur toutes les chaînes, la décision faisait consensus. Les réactionnaires n'étaient pas mécontents de se délester d'une partie de la population qu'ils ne percevaient pas comme française de tradition, le Parti Inclusif y voyait un bon moyen de réduire une base électorale de plus en plus défavorable et l'Union Intersectionnelle Internationale défendait cette cause de la paix et du respect pour tous.

Théophile était malheureux. L'actualité avait détruit ses espoirs de libération, volé « son moment » de notoriété. Le seul véritable ami qu'il n'ait jamais eu était parti, sans doute pour toujours. Il avait envie de boire et ses tremblements reprenaient. Sa crise de larmes reprit elle aussi de plus belle et ne s'arrêta pas. À cet instant précis, il avait acquis la certitude qu'il était un raté. Lui, qui était si ambitieux, et pourtant pas dénué de talent, avait le sentiment d'être passé à côté de la moindre entreprise qu'il ait envisagée. La suite de sa vie serait triste, longue et esseulée. Sans aucune forme de considération métaphysique et sans aucune espèce d'intellectualisation, Théophile déchira plusieurs longs morceaux de ses draps, les assemblant pour créer une longue ligne de linge. Il l'accrocha à la rambarde du lit superposé supérieur, fit un nœud avec le reste du tissu autour de son cou, puis laissa le poids de son corps le faire suffoquer. Ses pieds pouvaient toucher le sol, mais il s'évertuait à concentrer toute la pression sur sa gorge. Petit à petit, sa vision se couvrit d'un voile noir.

VII

Théophile se réveilla doucement et mit quelques secondes à reprendre ses esprits. Se redressant prudemment du lit dans lequel il était allongé, il passa sa main sur sa gorge, qui lui faisait terriblement mal. Il regardait le décor autour de lui. Il était seul dans une chambre médicalisée, nu, sous une robe ridicule dont étaient d'habitude revêtus ses petits patients. L'hôpital, son hôpital, ne lui avait pas manqué. Il avait manifestement échoué à s'ôter la vie. Quelques instants après son réveil, un infirmier vint le voir. « Bonjour, monsieur Liviu, comment vous sentez-vous ? » Théophile voulut répondre. Il essayait désespérément de produire des mots, ou à défaut un son de sa bouche, mais rien n'y faisait. Il était muet. D'un coup, il fut pris d'une sorte de tétanie : « Et si j'étais muet à vie ? Peut-être me suis-je handicapé de façon définitive ? » Ses pensées lui donnaient des sueurs froides. L'infirmier entreprit de le rassurer : « Monsieur Liviu, il est prévu qu'un médecin vienne vous ausculter sous peu. La consultation a pour but de déterminer si vous êtes encore en mesure de poursuivre les audiences de votre procès, ou si nous devons vous garder un peu. Il pourra vous en dire plus sur votre problème de mutisme. »

Une heure plus tard, le docteur Pérez, interniste que Théophile connaissait vaguement du fait de sa réputation de mauvais médecin, fit son entrée. Il regarda d'abord droit dans les yeux son confrère et lui dit :

« Sachez que je ne partage pas vos opinions brunophobes. Néanmoins, par professionnalisme j'ai décidé d'accepter cette consultation. » L'examen commença. Après quelques palpations et autres investigations stéthoscopiques, le médecin engagé rendit son verdict. « Vous essayez de fuir vos responsabilités, docteur ? Je ne vais pas laisser passer ça, vous comprenez. Vous devez aller au bout de votre procès, le suicide n'est pas une issue admissible. L'euthanasie est un droit réservé aux honnêtes gens. Vos victimes veulent vous voir condamné. »

À ces mots, Théophile eut envie d'étrangler son confrère, mais resta impassible. Le docteur Pérez reprit de plus belle :

« Bon, concernant la procès, vous m'avez l'air en pleine forme. Aucune raison ne justifie que vous ne poursuiviez pas les audiences. »

Un blanc s'installa. Théophile laissa passer quelques secondes en regardant le sol, dans le vide, puis remonta légèrement la tête vers le docteur Pérez et désigna sa gorge. Le docteur Pérez comprit finalement et conclut :

« Ah ! Oui ! Votre mutisme ! Rien de grave, vous serez muet un maximum de deux semaines. Vos cordes vocales sont abîmées, mais rien d'irréversible. Au revoir, cher confrère. »

À peine le docteur Pérez parti, l'infirmier, accompagné de deux policiers, revint dans la chambre d'hôpital :

« Monsieur Liviu, l'avis médical numéro 21042803 vient de vous déclarer apte à la poursuite de votre procès. En conséquence, nous vous demandons de bien vouloir récupérer vos affaires dans le casier, vous changer et nous suivre jusqu'à la maison d'arrêt de Nantes-Carquefou. »

De retour dans sa cellule, Théophile eut la surprise de trouver un colocataire. Son nouveau codétenu lui était familier, mais il ne parvenait pas à savoir pourquoi. Le remplaçant de Karim prit la parole :

« Bonjour ! C'est donc vous le fameux Théophile Liviu. Depuis votre tentative de suicide, on ne parle plus que de vous dans cette maison d'arrêt ! »

Théophile le fixa et lui expliqua par des signes de mains qu'il était muet.

« Punaise ! Vous êtes muet, je comprends. C'est un peu délicat de faire connaissance dans ces conditions. Je vais me présenter, et ensuite, si vous le souhaitez, vous pourrez écrire sur cette feuille pour que nous échangions ? »

Théophile fit oui de la tête et son codétenu poursuivit.

« Je m'appelle Hugo Duristourne ! Mais ça, vous le saviez sans doute. »

Théophile fit à nouveau oui de la tête, mais il mentait, il n'avait aucune idée de qui était l'homme qui se tenait devant lui.

« C'est bien ce qu'il me semblait, sourit M. Duristourne. Figurez-vous que je suis, comme tout le monde ici, soupçonné d'avoir commis un crime contre les principes de l'inclusion… J'y suis sans doute allé trop fort dans ma dernière émission. J'ai raté une belle occasion de me taire. »

Théophile comprit alors immédiatement qui était son interlocuteur. Duristourne était l'animateur de la plus grosse émission de football sur la radio régionale.

Il l'écoutait lui-même régulièrement. Son caractère bien trempé et son humour l'avaient rendu populaire assez rapidement auprès des auditeurs du Grand-Ouest. Même si sa proximité avec les cercles réactionnaires était connue, il n'avait jamais pu être soupçonné de déroger aux principes de l'inclusion. L'animateur mettait un point d'honneur à peser chacun de ses mots et ses coups de gueule ne concernaient jamais que des questions formelles et superficielles. Théophile prit un morceau de papier et écrivit « Qu'avez-vous dit ? » avant de le tendre à Duristourne.

« Eh bien, j'ai dit que je trouvais que le football avait perdu en qualité depuis l'obligation de mixité hommes/femmes dans les équipes professionnelles. »

Théophile lui offrit une mine compatissante. Cet homme non plus n'avait rien à faire derrière les barreaux. L'ex-animateur radio poursuivit.

« Même si j'ai déjà prononcé des excuses officielles, je maintiens ce que j'ai dit. Nous regardons maintenant un football totalement incohérent, à deux vitesses au sein d'une seule et même équipe, et ça n'est pas être misogyne que de dire ça ! C'est un constat que tout le monde a fait tout bas dans le milieu. » Théophile, qui était un inconditionnel du FC Nantes, écrit sur un morceau de papier : « Pas que dans le milieu… courage ! »

Il y eut un silence que le nouveau codétenu rompit.

« Des années entières de carrière brisées sur une phrase. Je vis un cauchemar. Cela fait quinze ans que je fais attention à tout ce que je dis. Quinze ans que je me réveille chaque matin dans la peur de dire le mot de trop, la phrase de trop. Quinze ans que je passe entre les gouttes grâce à une vigilance de chaque instant.

Il aura suffi d'une fois, une seule petite fois à baisser la garde… quel abruti ! »

Sur ces entrefaites, un gardien appela Théophile pour qu'il se rende au parloir. Il salua Duristourne de la tête, lui fit signe qu'il revenait bientôt et se mit en route avec le maton. Sur le chemin, il pensait *qu'est-ce que je suis con, bien sûr que je reviens bientôt. Où puis-je aller d'autre* ? Ruinet l'attendait au parloir, l'air inquiet.

« Mais vous êtes fou, pourquoi avoir essayé de vous suicider au moment où la procès prend une tournure favorable ? Bon, on m'a dit pour votre mutisme. Ne vous en faites pas, vous communiquerez en m'écrivant sur ce papier, si cela vous convient. »

Blasé, Théophile dodelina à nouveau de la tête pour marquer sa molle approbation, puis Ruinet commença son exposé.

« Voilà la situation. Il y a de bonnes et de mauvaises nouvelles. La principale mauvaise nouvelle, évidemment, c'est votre mutisme temporaire… La procès reprend demain et nous poursuivons la période où vous devez témoigner. »

L'air paniqué, Théophile fit les gros yeux et se précipita sur sa feuille pour noter : « La procès reprend demain ?! Mais comment ?! Je suis muet ! Il faut reporter. » Ruinet, désolé, lui répondit :

« Malheureusement, c'est impossible… La procédure ne le permet pas et un avis médical vous a déclaré apte. Ne vous en faites pas, étant votre avocat, j'ai déjà tout prévu. Vous n'avez qu'à me signer ce document, attestant que vous m'autorisez à parler demain en votre nom et le tour sera joué. »

Théophile bouillonnait de rage. Son avocat allait encore lui voler la vedette et cette fois, en plus, il ne pouvait s'en prendre qu'à lui-même. Ce mutisme, qu'il avait provoqué, le condamnait à regarder impuissant la notoriété de Ruinet s'agrandir de jour en jour et son talent s'exprimer sans concurrence. Théophile fixait le ciel, navré, et fut interrompu dans ses pensées par son avocat.

« Je sais votre déception. Soyez sûr que si nous réussissons à vous faire sortir, un bel avenir politique vous attend. Je vous l'avais déjà dit, je vous le répète. Il y a, de plus, une bonne nouvelle… »

Sur ces paroles, Ruinet déposa l'édition du *Figaro* du jour sur la table. En Une, une image d'illustration d'une corde de pendaison et un titre éloquent : « Tentative de suicide du client de Pierre Ruinet : notre justice est-elle trop dure ? » Théophile, à la vue du journal, était abasourdi. Ruinet s'exclama :

« C'est fantastique Théophile ! Nous intéressons à nouveau la presse malgré l'actualité internationale, votre tentative de suicide a attiré l'attention. On reprend la main ! Je ne vous cache pas que je ne suis pas pour rien dans cette médiatisation, je suis passé par de hauts cadres du parti qui ont leurs entrées au *Figaro.* »

À ce moment précis, Théophile comprit à quel point il s'était trompé sur l'ampleur de la surface médiatique qu'avait prise son avocat. C'était inouï, le principal journal de tendance réactionnaire publiait son nom en Une. Il n'y avait plus aucun doute, son avocat était passé dans une autre dimension politique. Toute tentative de rivaliser avec lui était vaine. La seule façon de peser après la prison – si toutefois il en sortait un jour – c'était d'essayer de se mettre dans la roue de l'avocat, d'accompagner son élan. Théophile fit un grand sourire et écrit sur son papier « Merci pour tout, maître ! » Ruinet, à la lecture de cette phrase, eut l'air contenté.

« Mais je vous en prie, cher Théophile, on va gagner ! Je vous retrouve demain, pour la suite de la procès. »

Chacun reprit sa route de son côté.

De retour dans sa cellule, Théophile découvrit Duristourne avachi devant la télévision. L'animateur radio lui dit :

« Tu verras, je passe beaucoup de temps à la regarder ! En particulier les chaînes d'info. »

Théophile fit un petit signe de tête pour signifier que cela ne le dérangeait pas, puis se mit dans son lit. Il réfléchissait à la suite. Il ne restait que quelques jours de procès à peine et dans moins de deux semaines, il serait fixé sur son sort. Son mutisme le contraignant au silence, il ne songeait plus à briller et consacrait beaucoup plus de temps à passer en revue les scénarios possibles pour la suite. La médiatisation de l'affaire avait-elle une chance de le faire libérer ? Rien n'était moins certain. Quoi qu'il en soit, il ne se voyait pas croupir les vingt prochaines années de sa vie en prison.

Le lendemain, la routine judiciaire reprit ses droits. Un départ de la maison d'arrêt tôt le matin, la fourgonnette, le trajet menotté, la descente à la Maison des repentances. Théophile nota tout de même une différence : en plusieurs jours de procès, jamais l'ambiance n'avait été aussi électrique au pied de l'immonde tribunal noir de l'île de Nantes. Des centaines de personnes étaient là. Une partie de la foule, plus importante qu'à l'accoutumée et composée surtout de militants de l'UII et du Parti Inclusif présents depuis le premier jour, le huaient et l'insultaient. L'autre partie, brandissant des drapeaux du Parti de la Réaction et des drapeaux français, scandait à tue-tête le nom de Pierre Ruinet. L'importance que gagnait chaque jour son avocat continuait de sidérer Théophile. Après cette arrivée très mouvementée, l'audience allait reprendre. Ruinet fit une entrée triomphale dans la salle, acclamé par de nombreux partisans. Même certains membres des jurés souriaient en le voyant. L'avocat leva une main pour saluer le public et des « hourras » retentirent. Pierre Ruinet était véritablement la rock star de cette salle filmée par de nombreuses chaînes et dont on sentait qu'elle devenait trop petite pour la nouvelle dimension de l'avocat. Alors que dans ce tohu-bohu, l'annonce de l'arrivée de la cour fut presque rendue inaudible, la présidente éleva violemment le ton pour ramener le calme. Elle ne regardait même pas Théophile. Tout le monde se fichait de lui. Le crime présumé, la tentative de suicide… chacun de ses actes semblait avoir été une pierre posée pour paver une voie vers le succès politique de Ruinet.

Marie-Hélène de Saint-Véran ouvrit la journée de procès.

« Bien, nous allons donc poursuivre les témoignages et interrogations de l'accusé, et de personnes susceptibles d'apporter un éclairage sur ses comportements. Le mis en cause n'étant pas en mesure de porter lui-même ces éléments à la connaissance de la cour, une décharge a été signée pour que maître Pierre Ruinet, assurant la défense de monsieur Théophile Liviu, le remplace. »

Sur ces mots, la salle commença à applaudir, mais fut rapidement stoppée par un hurlement de la magistrate : « SILENCE ! » Cet accès de colère non maîtrisé en disait long sur l'état d'exaspération de la présidente. Le calme revint. La juge de Saint-Véran posa une première question :

« Monsieur Liviu, avez-vous eu, par le passé, des relations sexuelles avec des personnes brunes ?

— Madame la présidente, répondit Ruinet, mon client a en effet eu à plusieurs reprises des rapports amicaux et charnels avec des personnes brunes. Mais il tient à préciser que même si cela n'eût pas été le cas, en aucun cas, le qualificatif de brunophobe ne saurait être justifié. Le libre arbitre de chacun doit permettre l'expression de préférences en matière de choix d'un partenaire exprimant en réciprocité pleinement son consentement. La préférence n'est pas une discrimination !

— Pouvez-vous prouver ce que vous avancez ? Avez-vous des témoignages, oraux ou écrits, pour appuyer vos allégations ? »

Théophile, qui ne pouvait pas intervenir, se sentait mal. Il savait pertinemment que sa vie sociale était bien trop restreinte pour apporter la preuve de fréquentation de personnes brunes. Aussi loin qu'il puisse se souvenir, et du peu de relations amoureuses qu'il avait eu, un nombre très limité de femmes brunes avait déjà couché avec lui. Surtout, il était humilié qu'on entrât si profondément dans son intimité. C'était peut-être le pire moment de sa vie, les caméras du pays entier étaient braquées sur son passé. Au même moment, Pierre Ruinet fit projeter sur l'écran géant de la salle une très ancienne photo de Théophile à un barbecue avec quelques collègues de l'hôpital, dont certains étaient bruns. « Je ne vois là que des hommes, maître. Je réitère ma question, pouvez-vous prouver, monsieur

Liviu, que vous avez déjà entretenu des rapports avec des femmes brunes ? »

Depuis le début de la procès, c'était la partie que redoutait le plus Pierre Ruinet. Il avait eu beau chercher le plus sérieusement du monde, il n'avait trouvé absolument aucune preuve disculpant son client d'un comportement de brunophobie systémique. Sa défense, qui s'appuyait dès le départ sur l'absurdité du droit en l'état, devenait soudainement très mince dès lors qu'il fallait répondre précisément aux exigences juridiques de la charge de la preuve.

« Mon client n'a pas à donner des détails sur sa vie sexuelle. »

Ruinet savait depuis la préparation de leur défense que son client n'était pas très porté sur le sexe et qu'il n'avait jamais conservé de ses quelques expériences avec des femmes brunes les actes de consentement mutuel à l'acte sexuel, obligatoires avant tout ébat. Ces derniers auraient été une preuve parfaite qu'il n'avait tenu qu'un malheureux propos brunophobe qui ne disait rien de son comportement quotidien. Si, au moins, Théophile ne s'était pas déclaré hétérosexuel auprès de l'administration, il aurait pu tirer quelque chose des photos avec ses amis bruns, mais en l'état, la journée s'annonçait difficile.

« Madame la présidente, je répète ce que je dis depuis le début de cette procès, une préférence sexuelle, telle qu'exprimée par monsieur Liviu dans le magazine du CHU de Nantes, n'est pas une discrimination, répondit-il faute de mieux, et sachant que son argumentation tournait sérieusement en rond.

— Maître, nous parlons de vies humaines. On ne peut pas préférer des femmes à d'autres comme l'on préfère les pâtes au riz, vous ne vous rendez pas compte de la portée et de la violence inouïe de ce que vous dites. Puisque vous n'avez aucune preuve à faire valoir, le parquet appelle deux témoins qui ont tenu à apporter leur éclairage à charge contre l'accusé. »

Sur ces mots, M. Duluc, le directeur du CHU de Nantes, se leva. Il était assis dans la salle depuis le début de l'audience, mais Théophile ne l'avait pas remarqué. Pourtant, il était difficile de le rater. Cet homme dépassait bien le mètre quatre-vingt-dix et disposait d'une musculature impressionnante. Théophile ne l'avait jamais aimé. De manière générale, et comme beaucoup de médecins, il nourrissait une aversion naturelle pour les personnels de direction des hôpitaux. Ce n'est pas tant que les rapports qu'ils entretenaient avec eux avaient été mauvais pendant les dix années où Théophile avait servi à l'hôpital, c'est qu'ils n'avaient jamais vraiment existé. Le directeur avait la réputation d'être gentil et discret, ce qui était paradoxal compte tenu de son apparence. On ne le croisait guère au sein des services de son établissement. Théophile se demandait bien ce que son ancien patron avait à lui reprocher, ils se connaissaient si peu. La magistrate lui donna la parole.

« Monsieur le directeur, aviez-vous perçu chez le docteur Liviu des comportements discriminants, et si oui, étaient-ils systémiques ?

— Je ne l'ai jamais vu de mes propres yeux, non. En revanche, l'honnêteté me pousse à dire qu'à plusieurs reprises, j'ai reçu des lettres anonymes – que j'ai pu produire aux magistrats dans le cadre de cette affaire – se plaignant de son comportement.

— De qui ces lettres émanaient-elles ?

— Elles étaient anonymes, mais on comprenait aisément à la lecture qu'il s'agissait d'agents de l'établissement.

— De quoi se plaignaient-iels ? Combien de lettres de cette nature avez-vous recensées ?

— Trois lettres en dix ans. Dans tous les cas, des affaires de discrimination. Une première s'indignait que le docteur Liviu ait utilisé le pronom "il" en s'adressant à un enfant n'ayant pas encore atteint l'âge de choisir son genre. Une seconde le soupçonnait de favoriser les agents blonds au détriment des bruns. Une dernière, enfin, lui reprochait d'avoir pratiqué l'humour interdit, sans que l'auteur n'en précise les détails. »

Théophile était blasé. Il ne dit rien et regardait Duluc d'un œil vitreux, les épaules vers l'avant. Il pensa tout de même que la grande taille de son ancien directeur ne dissimulait pas en cet instant son caractère de petit fonctionnaire zélé. Ruinet rebondit sur les derniers propos de l'imposant agent public.

« Monsieur le directeur, est-il courant que vous receviez ce genre de lettres ?

— Ce n'est pas la question et vous n'avez pas la parole, maître », coupa immédiatement madame de Saint-Véran.

Duluc répondit malgré tout de façon spontanée, comme s'il s'agissait d'une évidence.

« Oui, bien sûr, je reçois des dizaines de lettres anonymes de dénonciation chaque semaine. »

La présidente enterra immédiatement cet événement qui avait pourtant marqué l'assistance, et priva Ruinet de parole pour enchaîner sur un simple :

« Merci pour ces propos édifiants. On comprend donc que les discriminations font partie du quotidien de M. Liviu. Nous allons passer au témoignage suivant. »

Duluc fut remplacé par une femme d'une trentaine d'années, aux longs cheveux bruns. Elle avait un physique assez commun, environ un mètre soixante-dix, un Blue-jean ample et un haut bleu échancré. Les traits de son visage étaient fins. Théophile avait envie de hurler. Il l'avait reconnu immédiatement. C'était la doctoresse Emma Marssie, que tout le monde surnommait « EmmaMa » à l'hôpital. Ils avaient pris quelques verres ensemble, il y a cinq ans de cela, mais l'histoire n'avait jamais abouti sur quoi que ce soit, principalement parce que Théophile qui se savait en tant que praticien hospitalier le supérieur hiérarchique de cette jeune doctoresse en clinicat, avait eu peur qu'on l'accuse d'avoir profité de sa position pour obtenir des faveurs sexuelles. Tout le monde appréciait madame Marssie et il était évident qu'elle occuperait la place de son supérieur hiérarchique si celui-ci venait à être condamné et donc radié de l'ordre des médecins. Théophile, qui avait presque oublié cette histoire, n'en avait jamais parlé à son avocat. La jeune femme commença son témoignage.

« Il y a cinq ans, M. Liviu et moi nous voyions régulièrement autour de verres. Chaque fois, il buvait beaucoup et me faisait beaucoup boire. Pour être tout à fait honnête, je me sentais un peu contrainte de répondre à ses sollicitations… Il était déjà PH et j'entrais à peine dans mon clinicat. Je ne souhaitais pas que ma carrière se brise dès son commencement. »

Instantanément, presque automatiquement, Théophile bondit de sa chaise et lança un regard noir à son accusatrice, sans pouvoir dire un mot. Il voulait hurler « Menteuse ! », car il savait que c'est elle qui l'avait invité à chaque fois, mais son mutisme l'en empêchait. Ruinet fit se rasseoir son client et lui chuchota : « Calmez-vous, bon sang ! vous passez pour un bourreau ! » Les jurés, choqués par l'attitude du mis en cause, se parlaient à voix basse. La présidente demanda à EmmaMa de poursuivre.

« Un jour, autour de notre cinquième ou sixième verre en tête à tête, j'ai compris ses intentions. Il jouait avec moi. Il a dévoilé son jeu à ce moment-là, en me disant clairement qu'il souhaitait me *sauter* et que j'avais intérêt à accepter si je comptais avoir un avenir à l'hôpital. Mais avant ça, il insistait pour que je me teigne en blonde. Il ne désirait pas toucher, je cite, une *sale brune.* »

Stupeur dans la salle. Un nouveau brouhaha se fit. Les « anti Théophile Liviu » de la salle d'audience le huaient, tandis que les « pro-Ruinet » n'osaient pas dire un mauvais mot à une victime.

« Édifiant. Édifiant ! s'exclama la présidente.

— Madame la présidente, c'est une accusation sans preuve ! s'emporta pour sa part Ruinet.

— Maître, ce n'est pas à un avocat comme vous que je vais apprendre que le Code pénal protège les victimes de la nature de madame Marssie de facto ! C'est à vous qu'incombe la charge de la preuve. »

Puis se retournant vers EmmaMa, Marie-Hélène de Saint-Véran prit un air de profonde empathie et réconforta celle qui s'était mise à sangloter :

« On vous croit, madame. On vous croit. »

Théophile se précipita sur un morceau de papier, sortit un stylo de sa poche et écrivit à destination de son avocat : « Cette salope ment ! Elle veut mon poste, DITES-LE !!! » L'avocat lut le morceau de papier, n'adressa pas un regard à son client, puis le déchira. Théophile était fou de rage et avait le plus grand mal à le dissimuler. Très agité, il était maintenu par deux policiers. C'était la pire injustice qu'il avait subie dans sa vie, il ne pouvait pas le dire et Ruinet refusait de faire quoi que ce soit pour rétablir la vérité. Tout était un tissu de mensonges.

Après une journée de procès très compliquée pour la défense, la magistrate conclut :

« Mesdames, messieurs, mesdemoiselles et mesdamoiseaux, non-binaires et genderfluids, nous allons passer aux réquisitions du parquet, puis les jurés se retireront pour délibérer. Le résultat sera transmis dans dix jours. »

Stupéfait, Ruinet, à qui l'on n'avait pas donné la parole, rétorqua immédiatement :

« Madame la présidente, de quoi parlez-vous ? La procès doit durer sept jours !

— La cour, à la suite des réquisitions du parquet, estime qu'elle aura assez d'éléments pour qu'une décision éclairée soit prise. Le code de procédure pénale ne nous oblige pas à aller au bout des sept jours d'audience. »

Le procureur, se levant à l'invitation de Marie-Hélène de Saint-Véran, déclama son discours.

« Après les jours d'audience écoulés, après les réponses apportées par la défense, après les témoignages à charge, il me revient de me prononcer sur la culpabilité ou non, et le cas échéant de proposer une peine. Mon rôle est ici, dans cette affaire d'une particulière gravité, de défendre la société et ses intérêts. Et qu'ai-je vu ces derniers jours ? J'ai vu un homme qui ne nourrit aucun regret. J'ai vu un avocat préférant se donner en spectacle pour plaire aux caméras, plutôt que de s'adonner à la justice pour plaire à la vérité. J'ai vu une défense faire venir des militants pour perturber les audiences et insulter la fonction de magistrat. J'ai vu une défense faire de la politique plutôt que du droit. J'ai vu un homme profondément dangereux, habitué à persécuter les gens du fait de leurs différences, un homme crachant à la face de toutes les femmes brunes sa haine de leur coloration capillaire, un homme demandant à des proies qu'il alcoolise de se teindre. En bref, j'ai vu un brunophobe. J'ai vu un coupable. Afin de protéger les femmes qui pourraient croiser sa route, et demain, peut-être d'autres minorités – car l'on sait bien qu'une discrimination en appelle une autre – le parquet réclame pour cet individu la peine maximale encourue au titre du chapitre pénal des crimes contre l'inclusion : vingt ans de réclusion. Ma réquisition en tant que procureur est terminée, mais le citoyen que je suis voudrait ajouter la chose suivante : vous ne méritez même pas notre haine. La force des valeurs inclusives républicaines de ce pays est de ne jamais s'abaisser au niveau de vos turpitudes. »

La réquisition achevée, un silence de mort s'empara de la salle d'audience. Seuls les cliquetis des appareils avaient survécu aux formules assassines du parquet. Théophile fixait ses pieds et contenait ses larmes de rage. Il ne s'agissait certes pas de sa condamnation définitive, mais une réquisition si dévastatrice n'augurait rien de bon.

Sur ces mots, la salle se vida rapidement, puis les jurés, sans un regard pour l'accusé, se levèrent comme un seul homme et Ruinet partit aussi vite, ignorant son client. Le tout dans un silence d'éternité. Deux policiers ramenèrent le mis en cause à la fourgonnette, en direction de la maison d'arrêt de Nantes-Carquefou.

VIII

Il ouvrait les yeux. Il était 6 h 21, exactement l'heure de son réveil habituel pour aller à l'hôpital. Drôle de hasard, se disait-il. C'était le jour J pour Théophile. Cela faisait précisément dix jours que la dernière audience s'était tenue. Il allait être fixé sur son sort. Il ne savait pas sous quelle forme, mais sa vie allait basculer aujourd'hui. La période écoulée depuis le témoignage d'EmmaMa avait paru durer une année complète. D'abord, parce qu'il n'avait aucun moyen de contacter son avocat et ce dernier n'avait jamais pris la peine de venir lui rendre visite au parloir. Aussi incroyable que cela puisse paraître, Ruinet et son client n'avaient plus du tout échangé depuis la fin de la procès. Peut-être était-ce parce qu'il était trop occupé à passer sur tous les plateaux. Duristourne, son codétenu, n'avait pas menti. La télévision de leur cellule était allumée vingt-quatre heures sur vingt-quatre sur des chaînes d'information en continu et Théophile était contraint de visionner en boucle les images de sa procès commentées par son avocat. Ça aussi, ça rendait le temps long. On ne voyait que lui, ou presque. Aucune chaîne ne mentionnait le nom de Théophile. « Cet homme a commis un crime », disait-on tout au plus. « Mon client ne mérite pas la prison », répondait éventuellement Ruinet, fringuant et souriant. Enfin, si le temps semblait si long, c'était aussi parce que Théophile n'était jamais véritablement parvenu à nouer un lien avec son codétenu. Ce dernier parlait beaucoup de lui-même pendant un moment, puis restait imperturbable devant les informations, contemplant avec la plus grande attention les réflexions des observateurs du procès « Ruinet contre le régime », mais en agissant comme s'il ignorait que son protagoniste partageait seize mètres carrés avec lui dix-neuf heures sur vingt-quatre. Il n'arrivait pas à la cheville de Karim. Quel que soit le résultat, Théophile se disait que Ruinet avait réussi son pari. L'affaire avait suscité un intérêt national. Cela pourrait toujours être utile, à terme. Il ambitionnait de raconter son histoire dans un livre, mettant ainsi, en cas de condamnation, un peu de sa longue période de détention à profit. Cette affaire lui faciliterait peut-être la tâche en vue d'une publication.

De son réveil jusqu'à midi, il resta couché dans son lit, le regard fixé sur le plafond, en attendant que la nouvelle ne s'abatte sur lui. Quand il fut l'heure d'aller déjeuner, il ne bougea pas. Il n'avait pas faim. Tout juste avait-il retrouvé sa voix, qui ne lui était pas d'une grande utilité depuis dix jours. Il était presque 14 heures lorsqu'un gardien de prison entra dans la cellule et interpella Théophile, toujours alité dans la même position.

« Monsieur Liviu ?

— Oui ?

— Votre avocat vous attend au parloir. »

Théophile n'avait paradoxalement pas l'impression d'avoir quitté Ruinet tant il le voyait à l'écran, mais il n'avait tout de même pas envie d'échanger avec lui, qui l'avait abandonné. Il allait se faire violence. D'abord parce qu'il était peut-être porteur d'une bonne nouvelle et ensuite parce que, le cas échéant, il aurait besoin de lui pour réussir sa carrière politique. Théophile était à peine sorti de sa cellule que le gardien se remit à parler : « Je suis désolé pour vous mon vieux. On vous aime bien ici, vous savez. » Il comprit immédiatement qu'il n'y avait plus rien à attendre de son entretien avec Ruinet, de sa journée et de sa vie. S'étonnant lui-même, il ne fut pas effondré. La nouvelle le traversait paisiblement. Arrivé au parloir, Ruinet affichait une moue inhabituellement triste. Il avait l'air sincère. Chacun s'installa d'un côté de la table et, sans échanger un mot, l'avocat fit glisser un papier jusqu'à son client. Il était inscrit : « AU NOM DU PEUPLE DES FRANCAIS·E·S. Les jurés, après les audiences, ont reconnu, à cinq voix contre quatre, le dénommé Théophile Liviu coupable de brunophobie. En conséquence, le tribunal, au nom du chapitre pénal des crimes contre l'inclusion, condamne M. Liviu à une peine de vingt ans de réclusion criminelle avec effet immédiat. Comme le prévoit la loi, au vu de l'exceptionnelle gravité de l'atteinte aux principes élémentaires de la République, cette décision est insusceptible d'appel. » Théophile n'en lut pas plus et lâcha simplement : « OK. » Après un court moment, il poursuivit, n'ayant plus rien à perdre.

« C'est bien pour vous, vous allez continuer votre ascension politique, et moi je vais dépérir dans les geôles du régime. Vous devriez me remercier, vous avez sacrifié ma vie sur l'autel de votre carrière.

— Ne dites pas cela. Je comprends votre colère, mais j'aurais fait tout ce qui était en mon pouvoir ! On ne pouvait pas gagner avec ce Code pénal.

— On pouvait éviter cette procès dès le début, et vous le savez, maître. Vous y avez vu une opportunité de vous promouvoir, et vous avez réussi. Vous m'avez utilisé comme prétexte, depuis le premier jour.

— Nous avons déjà eu cette discussion, Théophile. Éviter la procès vous promettait à une vie insignifiante, monotone et méprisable. Ici, vous êtes un martyr. Écrivez un livre ! J'ai beaucoup d'appuis, nous pourrons vous trouver un éditeur. C'est le régime qui vous a condamné, moi je vous ai défendu, n'inversez pas les rôles.

— Ma vie était déjà monotone et elle le sera encore plus, par votre faute. Je n'arrive pas à croire que je n'ai rien vu. Vous m'aviez choisi au commissariat parce que j'étais désorienté, manipulable, et qu'il vous fallait une marionnette. Pourquoi ne m'avez-vous pas rendu visite depuis la fin de la procès, sinon parce que seule compte votre petite personne ?

— J'étais plus utile à plaider votre cause sur les plateaux pour influencer les jurés.

— Vous avez plaidé la vôtre et j'ai quand même perdu.

— De peu.

— Et alors ? Vous n'avez aucune idée de ce que cela fait de vivre en prison. J'y suis depuis sept mois et pour encore vingt ans. Vous étiez le pire avocat possible. Adieu, maître. »

Théophile mit un terme à la discussion et fit signe au gardien qu'il souhaitait retourner en cellule. Celui-ci prit un certain temps à revenir chercher le condamné et l'effet dramatique que Théophile avait voulu imposer à la fin de l'échange avec son avocat tomba quelque peu à l'eau. Une longue minute après avoir feint de s'ignorer à moins d'un mètre l'un de l'autre, les deux hommes quittèrent ce parloir pour la dernière fois.

Quelques jours après avoir dit adieu à Ruinet, Théophile fut transféré de sa maison d'arrêt de Carquefou à son lieu de détention définitif. Étonnamment, il ressentit de la nostalgie à partir de son établissement. Il y était depuis longtemps. C'est là qu'il avait rencontré Karim, que tout ce tourbillon avait débuté. Là, il avait eu des espoirs, du désespoir. Il avait essayé de mettre fin à ses jours. Il connaissait toute la géographie des couloirs sinistres. Les gardiens, aussi, étaient presque devenus des proches. En sept mois, il avait vécu la période la plus intense de son existence, enfermé dans un lieu désormais familier. Partir de la région nantaise n'était pas non plus chose aisée. Alors bien sûr, se consolait-il, qu'il soit à Nantes ou à Paris, il était de toute façon entre quatre murs, privé de sa liberté. Pourtant, c'était une forme de déracinement. Son nouvel établissement pénitentiaire, son nouveau chez lui pour les vingt prochaines années, était une prison au sud de Paris, réservée aux coupables des crimes contre les principes de l'inclusion. Tout y était plus rustre. Les cellules étaient plus petites, et individuelles. Les lits étaient plus durs. Les lieux étaient humides et sales. Il avait même trouvé de la moisissure sous son oreiller. Les interactions entre prisonniers étaient limitées à cinq minutes par jour, pendant les sorties en cour de récréation. Cette règle s'appliquait moins aux homosexuels, qui étaient autorisés à solliciter occasionnellement un transfert pour une nuit dans la cellule d'un partenaire sexuel, sous réserve de signature du formulaire de consentement mutuel à l'acte sexuel. Le temps aussi était beaucoup plus contraint. Tous les matins, jusqu'à 11 heures, des tâches physiques devaient être réalisées. Le plus souvent, il s'agissait de pédaler pour produire une partie de l'électricité nécessaire au bon fonctionnement de la prison, dans une démarche d'écoresponsabilité. Le moment le moins pénible demeurait celui du « cours ». Tous les jours, y compris les fériés, un cours était dispensé aux détenus de 14 heures à 18 heures pour les préparer à leur réinsertion future. « Comment être un meilleur citoyen ? », « Dois-je être inclusif pour être heureux ? », « L'autre, une chance pour moi », « Reconnaître mes privilèges pour mieux les combattre », « Faut-il déconstruire pour bien rebâtir ? ». Autant de thèmes abordés au quotidien. Théophile n'avait pas imaginé que les conditions de détention se durciraient à ce point. Il pensait garder le droit à son champagne hebdomadaire, à son oisiveté, à sa télévision. Il n'en était rien.

Au gré des mois qui s'écoulaient dans sa prison péri-parisienne, paradoxalement, il trouvait le temps de moins en moins pénible. Les journées étaient rythmées et les heures passaient plus rapidement. Un immense inconvénient était toutefois la coupure totale avec le monde extérieur. Pas de télévision, pas de journal, pas d'ordinateur, pas de radio et pas même de quoi écrire. Théophile prenait seulement conscience de la fuite des jours en les comptant et en les mémorisant. Aussi, la solitude lui pesait. Même la vision de Duristourne planté devant son écran lui manquait. Il songeait souvent à Karim, il avait appris en écoutant une conversation, lors d'une récréation, que son ancien codétenu avait séjourné ici quelque temps, avant d'être libéré, bénéficiant de l'accord signé par la présidente Diallo, permettant l'émigration des musulmans français au Califat Nord de Seine. Il se réjouissait pour lui. L'un d'entre eux s'en était tout de même sorti. Depuis quelques mois, il suivait aussi ses séances de psychothérapie, qui lui avaient été prescrites conséquemment à sa tentative de suicide. Bien qu'il ait été plutôt réfractaire dans un premier temps, ces moments de décompression et de relative liberté finirent par lui plaire. Elles se déroulaient toujours dans une salle d'une cinquantaine de mètres carrés, située dans le quartier administratif de la prison, qui occupait une sorte de grande tour récente, mais à l'architecture renaissance. Avec de la moquette bleu clair au sol et des tableaux de paysages verdoyants au mur, c'était le genre de salle apaisante qui inspire confiance. Théophile s'y sentait bien. Ces séances étaient également le seul moment où il était autorisé à manger des friandises à volonté. Il avait noué un véritable lien avec son thérapeute. Il ne connaissait que son prénom, Tom. Il paraissait, lui aussi, avoir la quarantaine. Avec son air bonhomme et son grand sourire, Tom inspirait à Théophile la même confiance que la salle dans laquelle ils échangeaient. Il fallut attendre le 311e jour après son transfert pour que quelque chose de notable arrive finalement, et ce fut pendant l'une de ces séances avec son thérapeute. S'installant pour son rendez-vous hebdomadaire, Tom laissa, comme à chaque fois, cinq minutes de « carte blanche » à Théophile pour qu'il vide son sac.

« J'ai l'impression d'avoir progressé encore cette semaine, docteur. Dans tous les domaines. Je crois que je suis sevré de l'alcool. Les premiers mois ont été difficiles, mais je ne ressens plus le besoin de boire. »

Tom lui fit un grand sourire paternel, puis Théophile poursuivit.

« Je n'ai eu aucune pensée suicidaire depuis ma condamnation. Lors des cours, j'ai le sentiment de véritablement mieux cerner les raisons de ma présence ici. Bien sûr, je continue à trouver excessive la peine qui m'est infligée. Mais je crois que je commence à intérioriser ce que j'avais toujours refusé de voir. Je me suis mal comporté. J'étais tout à fait centré sur moi et j'ai beaucoup blessé. J'ai accepté le principe d'une punition pour mes actes, je dois payer ma dette à la société. Pour autant, vingt ans ? N'est-ce pas exagéré ? Je me prends parfois à penser que deux à trois ans m'auraient suffi à comprendre. Vous disiez vous-même qu'en un an et demi de détention dont la moitié ici, j'avais une rapidité d'apprentissage impressionnante !

— Et je maintiens ! répondit Tom en souriant.

— Voilà, je ne suis pas si malheureux. Je préfère être emprisonné ici qu'à la maison d'arrêt. Enfin, une dernière chose un peu délicate…

— Oui ? Vous pouvez tout me dire.

— J'aimerais vraiment beaucoup pouvoir écrire. Je sais que c'est interdit, mais…

— C'est tout vu. Je vais en parler au directeur de la prison et lui expliquer que cela fait partie de la thérapie. »

Théophile remercia infiniment son thérapeute, retrouvant un sentiment de joie qui l'avait quitté depuis des mois, puis il reprit une friandise dans le petit pot situé en face de lui. La bonne nouvelle annoncée et la carte blanche passée, la consultation se poursuivit comme à l'accoutumée. Tom posa sa première question.

« Reparlez-moi de votre ami, Pierre Ruinet.

— Je crois vraiment vous avoir tout dit à propos de Ruinet. Chaque discussion dont je puis me souvenir, dans les moindres détails. J'ai l'impression que nous consacrons la moitié de nos séances à évoquer ce monsieur, s'amusa Théophile, saisissant encore une friandise.

— Allons, c'est tout à fait normal. Il a été le personnage clé du point culminant de votre vie, j'ai un grand besoin de tout savoir sur lui, sur vous, sur vous deux pour mener à bien ma thérapie.

— Je comprends, se reprit Théophile.

— Vous me disiez la dernière fois que votre relation avait été très étroite, mais qu'elle s'était mal terminée. Pensez-vous que ce soit définitif ?

— De toute façon, docteur, je suis là pour encore dix-neuf ans… Alors la question ne se pose pas. »

Tom sourit amicalement, puis poursuivit.

« Bien entendu, mais j'essaie, dans votre intérêt, de connaître votre processus de pardon. Faites comme si vous sortiez demain. Lui pardonneriez-vous ? Et lui ?

— Oui, je pense. J'ai parlé, lors de notre dernière entrevue, sous le coup de la colère et je crois qu'il le sait. Une malheureuse phrase n'enlève pas sept mois d'un combat en commun. Le problème, avec le recul, ce serait plutôt ses idées réactionnaires. Comme on nous l'a bien expliqué en cours, il est impossible d'avoir des liens avec des gens réactionnaires. Je ne me verrais plus, demain, être ami avec quelqu'un qui prêche la haine.

— Allons, allons. Les cours sont très théoriques, il y a parfois, en pratique, quelques accommodements envisageables ! Cet homme s'est tout de même battu pour vous. Je crois que dans votre intérêt, vous devriez pouvoir lui pardonner et même vous sentir reconnaissant.

— Bien, si vous le dites… répondit Théophile, dubitatif.

— Puisque désormais, vous avez le privilège de pouvoir écrire, je veux, pour la semaine prochaine, que vous me rédigiez quelques pages positives sur Pierre Ruinet. Par ailleurs, j'ai quelque chose à vous annoncer.

— Oui ? interrogea vivement Théophile

— À ma demande, et avec l'accord de la prison, dans le cadre de cette thérapie, vous êtes dès à présent dispensé de cours jusqu'à nouvel ordre. »

Très surpris, Théophile ne savait pas trop quoi penser de cette nouvelle, mais il resta impassible.

« Je… Mais… Enfin, j'aime plutôt bien ces cours, ce sont des moments où…

— Théophile, soyez un peu adulte, le coupa Tom. Vous avez la possibilité de prendre chaque jour quatre heures pour vous, pour écrire, vous reposer. Cette thérapie vous ouvre un immense privilège !

— Vous avez raison. Merci, Tom ! Suis-je aussi dispensé de pédaler ? demanda Théophile, malicieux.

— Ne poussez pas le bouchon ! »

Les deux hommes rirent de bon cœur, puis Théophile fut raccompagné à sa cellule pour la nuit. Le lendemain, après la traditionnelle séance physique, le déjeuner, puis les cinq minutes de récréation où il était comme souvent seul, personne ne lui adressant la parole, il se retrouva avec un grand morceau de plastique dur et lisse fourni pour l'occasion par l'établissement comme support pour écrire. Il n'y avait aucun autre mobilier qu'un sommier et un matelas au sein de la cellule. Soudain, un sentiment de solitude l'emplit. Il aurait préféré être en cours. Au moins, là-bas, même s'il ne pouvait pas interagir avec eux, les leçons n'étant pas participatives et la prise de parole interdite, il voyait des gens. Il avait encore six jours à tenir. Sa prochaine interaction sociale serait avec son thérapeute. Même si cette détention avait de bons côtés, il ne supportait pas la vie sans sociabilité. Il se demandait d'ailleurs souvent pourquoi lui, le solitaire de toujours, ressentait avec une telle violence l'isolement.

Soudain, une idée lui effleura l'esprit. Il la chassa. Mais elle revint avec insistance. Il la chassa à nouveau. Au bout d'un moment, elle fut si irrépressible que la seule façon de s'en défaire fut d'y céder. Théophile appela un gardien et requit son transfert occasionnel pour une nuit dans la cellule d'un autre détenu, comme le règlement le permettait afin de ne pas discriminer les homosexuels. Il n'avait aucun autre moyen de satisfaire son besoin de lien social. Il songea alors, en son for intérieur, qu'il aurait l'occasion d'expliquer au détenu, quel qu'il soit, que sa démarche n'était pas sensuelle, mais amicale. Une heure plus tard, le même gardien revint avec un formulaire de consentement mutuel à l'acte sexuel, déjà signé par un certain Désiré Traoré. Théophile regarda le maton, et lui demanda, tout timidement :

« On ne peut pas savoir à quoi ressemble la personne ?

— Et puis quoi encore, tu veux du champagne aussi ? » se moqua l'agent.

Théophile hésita, longuement, puis, devant l'insistance manifeste de l'homme en uniforme visiblement pressé, il finit par signer le formulaire et le lui rendre. Son cœur palpitait. Il n'avait aucune idée de ce qu'il venait de faire. Il espérait de tout cœur que son codétenu comprendrait que sa démarche n'était qu'un cri de détresse pour sortir de l'isolement, et qu'il ne lui en tiendrait pas rigueur s'il ne souhaitait pas avoir de relation sexuelle.

L'après-midi entière se passa et un stress mêlé d'une étrange excitation monta en Théophile. Le formulaire qu'il avait rempli quelque temps plus tôt occupait tellement son esprit qu'il n'écrivait rien. Peu après le dîner et alors que sa feuille était restée vierge, aux alentours de 20 h 30, le même gardien qui s'était moqué de lui vint chercher Théophile.

« Monsieur Liviu, c'est l'heure de votre transfert nocturne occasionnel de cellule. »

Il avait des palpitations. Tout se mélangeait dans son esprit. Il ne savait pas véritablement pourquoi il avait pris cette décision, et la raison pour laquelle toute cette histoire le mettait dans cet état. Peut-être était-ce la nouveauté ? La joie d'échanger longuement avec quelqu'un d'autre que Tom ? L'espoir de découvrir un nouveau Karim ? Peut-être aussi tout simplement la peur de ce qui l'attendait. Pendant que ces questionnements fulminaient en lui, Théophile continuait sa route avec l'agent pénitentiaire vers l'inconnu. Une partie de lui se dit qu'il ne refuserait peut-être pas d'avoir une relation avec un homme. Il n'avait jamais essayé et les centaines d'heures de cours auxquels il avait assisté depuis trois-cent-onze jours lui avaient fait reconsidérer son propre rapport à la sexualité. Devant la porte d'une cellule, le maton s'arrêta net.

« C'est ici. »

Théophile était au bord de la crise d'angoisse. Face à cette porte, qui, comme les autres, était grise, métallique, lourde, et dépourvue d'éclat, il attendait que les prochaines minutes apportent des réponses à ses interrogations.

Pour la première fois depuis des mois, Théophile se sentait vivant.

Le gardien passa son badge devant l'épaisse ouverture, qui se déverrouilla aussitôt. D'un air narquois, il dit alors à Théophile : « Bonne nuit. Amusez-vous bien », tout en l'invitant à entrer. Théophile s'exécuta. À peine eut-il posé un pied dans la cellule de Désiré Traoré que la porte se referma brusquement derrière lui. L'homme se tenait debout. Il était immense à tous points de vue. Sa taille devait avoisiner un mètre quatre-vingt-dix. Chacun de ses bras semblait avoir le diamètre d'un pilier de cathédrale. Il avait un visage rugueux. Il paraissait avoir une trentaine d'années, mais des balafres aux lèvres et à la joue le vieillissaient. Il arborait un jogging vert Shangai Tang, comme c'était la mode chez de nombreux détenus. Après quelques courtes secondes sans qu'un mot soit échangé, Théophile rompit le silence.

« Salut !

— Salut, lui répondit Désiré d'une grosse voix correspondant étonnement à son physique.

— Je t'ai déjà vu en récréation ! Je ne savais pas que c'était toi Désiré. On n'a jamais eu le temps de vraiment se parler. »

La voix de Théophile était tremblante. Il avait peur. Il regrettait de s'être lancé dans cette aventure. Confronté au mutisme de son hôte, Théophile décida de tenter une nouvelle fois d'engager la conversation.

« Tu es là pour quoi ? Moi, j'ai dit que je préférais les blondes, et j'ai pris vingt ans pour brunophobie ! C'est con quand même. »

Tout en prononçant ces mots, il rigolait nerveusement. Son malaise aurait été perceptible même par un mort.

« Ta gueule. Suce-moi.

— Non, je… »

Le sang de Théophile se figea, ses palpitations cessèrent, laissant place à son instinct de survie. Il reprit :

« Je ne suis pas là pour ça. Je me sens terriblement seul et j'ai utilisé le prétexte du transfert nocturne occasionnel pour me faire un nouvel ami. Je suis certain que l'on pourrait très bien… Que faites-vous ? »

Pendant qu'il essayait de s'expliquer, pourtant très clairement, Désiré retira lentement son bas de jogging. Il n'avait aucun sous-vêtement en dessous. Il n'y avait qu'un énorme phallus noir en érection. Désiré reprit la parole, sèchement.

« Je t'ai dit suce moi.

— Désiré, je ne suis vraiment pas là pour ça, dit Théophile avec un ton de supplication.

— Ferme ta gueule tu vas me sucer, t'as signé fils de pute ! » se mit à hurler Désiré.

Tout en terminant sa phrase, l'hôte du soir agrippa violemment son invité par les cheveux et rapprocha son visage de son sexe. Il hurlait de plus belle :

« Suce ! Suce fils de pute ! »

Théophile se débattait, il ne se laissait pas faire et pensa même à mordre son agresseur. Il préféra finalement asséner des coups de pied en prenant appui sur le torse de Désiré pour se dégager. Rien n'y faisait, celui qui devait être le nouveau Karim avait inexorablement le dessus, bien qu'il ne parvienne pas à ses fins. Agacé, ce dernier frappa puissamment son invité au visage, ce qui le fit tomber.

« Tu l'auras bien cherché sale chien ! »

L'attrapant à nouveau par les cheveux, il le retourna et lui ôta son pantalon si fort qu'il n'eut pas besoin de le déboutonner. Théophile pleurait comme jamais il n'avait pleuré avant, même enfant. D'un coup, une douleur déchirante le saisit et il éprouvait le lourd corps de Désiré s'allonger sur lui. La sodomie qu'il subissait était si violente qu'il sentait son anus saigner. Sa douleur était si intense qu'il faillit perdre connaissance. Pendant trois longues minutes, qui semblaient durer des heures, son calvaire se poursuivit.

Pour la première fois depuis toujours, Théophile avait l'impression d'être mort.

L'affaire terminée, un relâchement sur lui et en lui arriva enfin. Alors que Théophile gisait au sol, tâché de sang, son agresseur lui dit avant de se coucher dans l'unique lit de la cellule :

« T'avais qu'à me sucer aussi, sale baltringue. »

Laissé là, comme une charogne au bord de la route, Théophile était paralysé et ses yeux se fermaient.

Lorsqu'il émergea, quelques heures plus tard et tandis que la lumière du jour perçait au travers de la fenêtre, l'abominable douleur de la veille perdurait, mais elle s'était étendue dans tout le bas de son corps. Il se mit à nouveau à pleurer, mais ne s'était pas mû d'un millimètre. Il avait conscience qu'il pouvait bouger, mais sans que cela soit rationnel, il se sentait davantage en sécurité ainsi. Le sang avait séché. Soudain, il entendit Désiré remuer dans son lit. Des tremblements de terreur le saisirent. Au vu de la lumière du jour, il devait être aux alentours de 6 heures et Théophile savait que les gardiens viendraient les chercher à 8 heures pour le petit déjeuner. Il supplia le ciel que Désiré dorme encore cent-vingt minutes. Une voix brisa ses prières.

« Suce-moi. »

Son bourreau était réveillé.

« Désiré, je vous en supplie… sanglota d'une voix faible Théophile, qui s'était mis à genoux, les mains jointes.

— Tu veux comme hier ? » lui répondit froidement l'imposant détenu.

Théophile fit sa basse besogne en pleurant. Il avait mal à la mâchoire. C'était la première fellation qu'il pratiquait et il ne maîtrisait pas vraiment la manière. Peu importe, son hôte fut finalement satisfait et Théophile, après le dénouement, vomit. À la demande de Désiré, il nettoya. À 8 heures, le gardien de prison vint mettre un terme à son supplice.

Les trois jours qui suivirent, il était en pilote automatique. Il n'était plus vraiment lui-même. Il pédalait sans penser, subissant la douleur que l'action de s'asseoir lui infligeait désormais. Les après-midis, sur l'heure des cours dont il était dispensé, il restait de longues heures à regarder dans le vide. Ce n'est véritablement que le quatrième jour après ces événements qu'il réalisa. *On m'a violé.* Théophile le savait. Mais personne ne pourrait le croire, il avait signé un formulaire de consentement mutuel à l'acte sexuel. Ce n'était donc légalement pas un viol. Les risques pris avaient été totalement inconsidérés. S'en voulant terriblement, il passa un pacte avec lui-même : cette histoire n'avait pas existé. Il n'en parlerait pas, même à Tom, et n'y penserait plus jamais.

Comme pour exorciser son traumatisme, il se mit à écrire. Seuls deux jours séparaient sa prochaine entrevue avec son thérapeute et pas une ligne n'avait encore été rédigée de ce qui lui avait été demandé. Théophile saisit son grand morceau de plastique lisse, sa feuille, son stylo, et se replongea un an et demi plus tôt, lorsqu'il vit Pierre pour la première fois dans son élégant costume Fursac, au commissariat central Waldeck-Rousseau de Nantes. Il lui fallait écrire quelque chose de positif. Mais sous quelle forme ? Retracer purement et simplement les événements, cela avait déjà été raconté sous toutes les coutures à Tom. Un roman ? Le temps allait manquer. Finalement, par commodité et face au retard accumulé, la décision fut prise de réaliser une liste exhaustive de tout ce que Ruinet avait fait pour lui. Environ deux après-midis de quatre heures furent nécessaires à la conception du document demandé par Tom. Au début, plusieurs difficultés apparurent. Théophile avait encore un peu de rancœur pour son ancien avocat. Il lui attribuait toujours sa détention. Toute cette procès aurait pu être évitée en niant les faits et en s'arrangeant avec la rédactrice de l'article du magazine du CHU. L'existence même de la procès, c'était à cause de Ruinet. Et pourtant, il se disait aussi que Ruinet l'avait accompagné dès le début, qu'il l'avait rassuré, qu'il s'était battu comme un beau diable pendant la procès. Alors, bien sûr, l'avocat avait pris beaucoup de lumière. Trop, sans doute, pour Théophile. Mais après tout, c'était lui, le professionnel. Il avait aussi pris des risques, en défendant publiquement un brunophobe. Sans lui, l'affaire n'aurait jamais été médiatisée. Il n'avait pas hésité à faire jouer son réseau et ses relations, en conviant des partisans réactionnaires aux audiences pour le soutenir, ou en obtenant une couverture du *Figaro*. En définitive, Théophile avait sans doute jugé Ruinet un peu sévèrement. À l'issue de cet exercice, il crut comprendre pourquoi Tom lui avait demandé d'accomplir ce travail.

Il lui fallait enfin être en paix avec les acteurs importants des derniers mois de sa vie pour avancer.

Six jours après leur précédente entrevue, Théophile entrait, comme chaque semaine, dans le plaisant bureau de Tom.

« Bonjour, docteur !

— Bonjour, Théophile, asseyez-vous. Prenez donc une friandise. Bien. Pas de carte blanche cette fois, nous avons un programme très chargé et beaucoup de choses à nous dire. On m'a annoncé que vous aviez fait un grand progrès cette semaine…

— Oui, j'ai travaillé sur Pierre Ruinet, comme vous me l'aviez demandé. Je crois que ça a été très utile !

— Il ne s'agit pas de ça, Théophile, lui dit le thérapeute, arborant un large sourire.

— Ah ? Et de quoi donc ? répondit-il, gêné.

— Eh bien ! Ne faites pas l'innocent. Vous voyez très bien de quoi je parle ! »

Comme Théophile restait muet, Tom poursuivit, l'air bienveillant.

« Votre nuit dans la cellule de monsieur Traoré. Je suis fier de vous. Vous avez beaucoup progressé ! Vous avez franchi le pas. Vous êtes allé au-delà de vos préjugés sexuels et raciaux. Vous avez été capable de briser l'hétéronormativité blanche toxique qui gangrène nos sociétés depuis toujours. Vous savez, cette détention a aussi pour but de faire mûrir des prisonniers qui n'arrivent pas là par hasard. Cette prison est réservée aux coupables de crimes contre l'inclusion, et voir d'anciens intolérants à même de passer un cap comme celui-ci, c'est une vraie réussite. »

Théophile ne dit rien et regardait dans le vide. Il aurait préféré mourir instantanément que de devoir se remémorer d'une quelconque façon cet épisode atroce. Tom reprit :

« Je sais bien que vous devez avoir un peu honte, c'est un début, c'est normal. Soyez sûr que vous avez progressé à une vitesse inouïe. Dans cet établissement, face à l'isolement, tous les détenus finissent par briser leurs schémas patriarcaux, c'est même le but, mais il faut habituellement douze à treize ans en moyenne ! Vous avez réussi cette prouesse en moins d'un an. Vous pouvez être fier », répéta Tom.

Théophile demeura silencieux. Sa moue livide était figée. Alors, Tom enchaîna, encore.

« Et puis, vous savez maintenant, en étant passé de la théorie à la pratique, que les discriminations envers les personnes homosexuelles sont infondées ! Ils sont des êtres comme tout le monde. Et même peut-être un peu supérieurs. Chacun sa liberté, sa sexualité, sa sensibilité aussi. Je le répète, je suis très fier de vous. »

Comme Théophile avait compris que son silence encourageait Tom à prolonger un monologue dont chaque mot était pareil à une séance entière de torture, il lui répondit simplement et penaudement, « oui ». Ses poings, cachés par l'épais bureau en chêne, étaient serrés. Il n'avait toujours pas regardé Tom en face depuis le début de cette discussion. Ce dernier, qui sentait quelque chose d'inhabituel chez son patient, poursuivit la séance.

« Et Pierre Ruinet alors, parlons-en ! Qu'a donné votre travail ? »

Théophile tendit deux feuilles de papier, sur lesquelles il avait listé tout ce que son ancien avocat avait fait pour lui. Tom les lut. En faisant rouler ses yeux sur les écrits de Théophile, il acquiesçait, souriait, lâchait de temps à autre un léger « très bien ». À la fin de sa lecture, le thérapeute releva soudainement la tête, toujours très souriant, et confia à son patient :

« Excellent ! Décidément, quelle semaine de progrès ! Théophile, savez-vous pourquoi je vous ai demandé ce travail ?

— Je crois que oui. Pour être en paix avec moi-même, pour avancer, il me faut pardonner ceux envers qui j'ai de la rancœur, dit-il très hésitant.

— C'est vrai, en partie, mais il y a quelque chose d'autre, répondit Tom, volontairement intrigant.

— Quoi donc, docteur, s'impatienta poliment Théophile ?

— Il faut que vous soyez dans de bonnes dispositions.

— Quoi ? Bonnes dispositions pour quoi ?

— Écoutez-moi, reprit Tom très calmement et sans sourire, vous allez sortir d'ici. Vous allez être libéré de prison. »

Théophile n'en revenait pas. Il restait stoïque. Cette annonce sans préalable était parfaitement soudaine et inespérée. Aucune effusion de joie, rien. C'était sans doute la nouvelle qu'il avait le plus attendue depuis sa première incarcération et pourtant un immense vertige l'envahit, une angoisse, presque, mêlée d'une incompréhension. Il dit simplement à Tom :

« Mais… Je… Pourquoi ? »

Alors qu'un sourire apparaissait sur son visage, son thérapeute lui donna de premiers éléments de réponse.

« Parce que la justice est bien faite, Tom. Nous ne sommes pas des monstres, l'objectif est d'agir dans l'intérêt de tous et de chacun. Votre état psychologique est particulier. La détention vous a apporté tout ce qu'elle a pu et vous avez beaucoup progressé. Mais je vous traite depuis des mois et je crois aujourd'hui que ce maintien en détention vous desservirait. Pire, il pourrait vous faire lourdement régresser, c'est quelque chose de très classique dans les profils psychologiques rares comme le vôtre. Votre intelligence supérieure et votre sensibilité particulière ne pourront maintenant se développer qu'en liberté. Ce que certains prisonniers mettent dix ans à faire, quand ils y parviennent, vous l'avez fait en dix mois à peine. Paradoxalement, la poursuite de votre peine menacerait vos jours et pourrait conduire à la résurgence de comportements suicidaires. Je ne peux pas me résoudre à briser un chemin si prometteur. En bon professionnel, pour votre propre sécurité, j'ai donc sollicité, comme la loi m'y autorise, auprès du directeur de la prison, du juge du Respect de l'Inclusion et du préfet, une suspension de peine pour raison médicale. Votre état mental n'étant plus compatible avec la détention. Cette demande a été acceptée par toutes les parties. Vous sortez demain. »

Théophile n'y comprenait rien, mais un immense sentiment d'euphorie l'emplit finalement. C'était réel. Sa joie, contenue en apparence, se lisait sur son visage.

« Merci, de tout mon cœur, merci ! » s'exclama-t-il.

En quelques secondes, il était passé dans ce même bureau de l'enfer de son viol au paradis de sa libération. Tom, qui n'avait pas terminé, reprit :

« Ne me remerciez pas, je ne fais que mon travail. Il y a en revanche plusieurs conditions à respecter, et la violation de l'une d'entre elles pourrait clairement vous conduire ici à nouveau. J'ai besoin de votre concours. Prouvez-moi que j'ai eu raison.

— Oui docteur, tout ce que vous voudrez.

— D'abord, nous devrons continuer à nous voir, ici même, chaque semaine. Même heure.

— Bien entendu.

— Ensuite, vous ne devez pas boire une seule goutte d'alcool. Vous devez garder en toutes circonstances la pleine possession de vos moyens.

— Sans problème, docteur.

— Ça, c'était pour la partie légale. Pour la partie thérapeutique, je veux que vous fréquentiez monsieur Pierre Ruinet. J'ai décelé lors de nos séances un lien particulier entre vous. Vous avez besoin de lui pour vous épanouir. Il détient les clés pour résoudre beaucoup de vos problèmes psychologiques et psychiatriques. D'accord ?

— Oui. Mais ça ne dépend pas que de moi. S'il ne veut pas ?

— Débrouillez-vous. Une dernière chose et c'est peut-être la plus importante. Il vous est formellement interdit de parler de quoi que ce soit que vous ayez vu, fait, entendu dans cet établissement. Qu'il s'agisse de nos séances, de cette discussion, du programme quotidien des prisonniers. Tout est classé "très secret défense". Un seul mot à qui que ce soit et nous le saurons. Ce sera la prison à vie assurée et dans des conditions qui feront passer les derniers mois que vous avez vécu ici pour un club de vacances. Je vais vous demander de signer ce document, qui vous engage au silence. Est-ce clair ? »

Le thérapeute avait abandonné sa bonhomie habituelle au profit d'une sévérité inédite.

« Très clair, répondit-il, sobrement. Il signa sans lire ledit document de confidentialité.

— Bien, vous sortirez demain, à 10 heures du matin. Je vous conseille de vous préparer psychologiquement. Il risque d'y avoir beaucoup d'agitation autour de vous et de votre libération. Pour ma part, je vous dis donc à la semaine prochaine pour notre séance, mais en homme libre. »

Sur ces mots, Tom se leva de sa chaise, et tendit la main à son patient, qui la saisit et la serra très fort. La pression des cinq-cent-trente-et-un jours de détention, provisoire puis ferme, était entièrement relâchée dans cette poigne de fer qu'il donna à son thérapeute.

IX

Après avoir signé un certain nombre de documents et être passé aux vestiaires pour récupérer ses effets personnels laissés trois-cent-dix-huit jours plus tôt, Théophile était prêt à quitter son lieu de détention. Il attendait que la porte électrique coulissante donnant sur l'extérieur périparisien de la prison s'active. À l'exception de quelques musulmans, comme Karim, ayant profité des accords avec le Califat Nord de Seine pour s'expatrier, Théophile était le premier détenu à sortir de ces lieux. Les premiers condamnés au titre du chapitre relatif aux crimes contre les principes de l'inclusion l'avaient été deux ans après la prise de pouvoir de la présidente Diallo il y a vingt ans. Or, aucune peine pour ce genre de crime n'était inférieure à dix-huit ans. À quelques minutes de sa sortie, il s'interrogeait sur sa vie hors ces murs. *Ai-je encore mon appartement ou a-t-il été saisi ? De quoi vais-je vivre, ayant été radié ? Ma sortie va-t-elle intéresser quelqu'un ? Ruinet peut-être ?*

Ses interrogations allaient en s'intensifiant lorsque le mécanisme de la porte se mit en marche. Elle devait être insonorisée, car après moins d'un centimètre d'ouverture, un gigantesque vacarme se fit entendre. Après dix secondes, un spectacle unique s'offrit à Théophile.

Une foule immense de gens était massée au pied de la prison. À vue d'œil, il y avait plusieurs centaines d'individus réunis, parlant tous les uns sur les autres. Des perches, des caméras, des micros se précipitaient vers Théophile, qui demeura statique, hébété.

« Monsieur Liviu ! Monsieur Liviu ! Comment s'est passée votre détention ? Monsieur Liviu, vous êtes en direct, avez-vous une déclaration à faire ? Monsieur Liviu, allez-vous rejoindre la campagne de Monsieur Ruinet ? Monsieur Liviu, à qui attribuez-vous votre libération ? »

Les questions pleuvaient et Théophile n'arrivait pas à faire un pas tant il était cerné. Sans rien comprendre à la situation, il se dit que cette attention était ce dont il avait toujours rêvé et qu'il n'avait aucun moyen d'en profiter. En un instant, une vingtaine d'agents de sécurité survenant de nulle part vint écarter les journalistes de chaque côté de Théophile, formant ainsi un long couloir d'une dizaine de mètres. Dans le tapage ambiant, la clameur d'une foule scandant un slogan à l'unisson devenait de plus en plus perceptible, au point que l'on n'entendit plus qu'elle.

« RUI-NET, RUI-NET, RUI-NET. »

À l'autre bout du corridor humain, se rapprochant de lui en souriant, et tout en saluant la foule qui l'ovationnait, son ancien avocat, vêtu d'un costume qui n'était pas Fursac, avait une allure incroyable. « Mais que se passe-t-il ? » murmura Théophile, inaudible. Arrivé au niveau de son ancien client, toujours sous l'œil attentif de la marée de journalistes, Ruinet le prit dans ses bras, puis saisit sa main et la leva vers le ciel, en signe de victoire. Théophile, qui n'avait encore aucune idée du sens des événements en cours, se joua assez volontiers au jeu et ajouta à son poing en l'air l'index et le majeur en V.

L'avocat fit taire les hourras de ceux qui étaient visiblement ses partisans et, à côté de Théophile, commença une déclaration.

« Mesdames et Messieurs, c'est une immense joie pour moi de retrouver aujourd'hui mon ami Théophile, injustement condamné pour brunophobie il y a trois-cent-dix-huit jours de cela. Je prends acte de la décision du gouvernement, qui, derrière la ridicule justification de "raison médicale", a cédé à la pression imposée par le Parti de la Réaction et plus précisément, par moi-même. Théophile, que j'ai défendu, est le symbole de ce pour quoi je suis candidat aux primaires réactionnaires en vue de la présidentielle. Dans ces murs, il y a d'autres Théophile Liviu, d'autres innocents qui n'ont rien à faire derrière les barreaux. Je veux leur dire qu'élu Président de la République, je les gracierai tous ! Monsieur Liviu ne fera aucune déclaration aujourd'hui. Je vous remercie. Vive la France ! »

Après cette courte déclaration, Ruinet dit à Théophile, « suivez-moi ! » et les deux hommes furent accompagnés sous bonne escorte jusqu'à une grande berline noire située à quelques dizaines de mètres de là.

Installés dans la voiture et un peu essoufflés par le tourbillon qu'ils venaient de traverser, les deux hommes entamèrent une conversation que ni l'un ni l'autre ne pensait avoir encore quelques heures en arrière :

« Comment allez-vous mon vieux ? Je suis vraiment content de vous voir !

— Je vais bien, merci ! Quelle agitation autour de votre personne ! C'est impressionnant.

— Eh oui ! Les affres d'une campagne électorale, répondit Ruinet, souriant.

— J'ai entendu que vous étiez candidat dans votre déclaration. À la Présidence de la République ? Mais quand sont les élections ?

— Vous n'avez pas suivi l'actualité à la télévision ? »

Se souvenant qu'il n'avait pas le droit de donner de détails sur sa détention, Théophile dit simplement qu'il s'était coupé de toute source d'information cette dernière année, pour faire une pause. Ruinet, surpris, continua :

« Figurez-vous qu'en un an, j'ai eu, comme vous l'aviez d'ailleurs prophétisé, une très belle ascension politique au sein du parti. Votre procès m'a offert une audience très importante. Je suis aujourd'hui candidat aux primaires de mon parti, en vue des élections présidentielles qui auront lieu dans six mois. Et puisque vous n'avez pas suivi l'actualité, je veux aussi que vous sachiez que je me suis battu sans relâche pour vous. J'ai médiatisé votre cas tous les jours. J'ai fait connaître votre nom. Notre dernière conversation au parloir m'a beaucoup marquée.

— Merci, répondit Théophile, sincèrement touché.

— Mais non, c'est moi qui dois vous remercier ! Votre libération tombe à pic ! Le premier tour des primaires a lieu la semaine prochaine, et cet événement majeur dans l'histoire de la République inclusive va énormément servir ma candidature. On parle quand même de la première libération d'un condamné français pour crime contre les principes de l'inclusion !

— Oui, enfin, c'est surtout dans le cadre de ma thérapie que j'ai été libéré, répondit Théophile, assertif.

— De votre thérapie ? Vous n'avez tout de même pas gobé cette grotesque histoire de libération médicale ?

— Oui, mon thérapeute, il m'a... »

Théophile s'arrêta encore un instant, sous le regard dubitatif de Ruinet, et se souvint qu'il n'avait pas le droit de révéler ce qu'il s'apprêtait à dire. Il reprit :

« On m'a bien spécifié que ma libération était uniquement liée à des raisons médicales. »

Ruinet rit.

« Ils ne savent plus quoi inventer. Ce sont des foutaises. Vous m'avez l'air en pleine forme. La vérité est surtout que nous avons mis une pression démentielle sur le gouvernement. Le sujet a été tellement médiatisé, le roman de votre innocence tellement raconté, qu'une pétition réunissant trois millions de signataires pour votre libération a été transmise au gouvernement. La pression était telle qu'à six mois des élections, la présidente Diallo n'a pas voulu risquer de paraître inhumaine. J'ai gagné cette partie. Et j'espère bien gagner les primaires avec ce fait de gloire !

— Trois millions ?! reprit Théophile, absolument estomaqué.

— Oui, rigolait Ruinet, trois millions ! Vous avez acquis une autre stature. Tout le monde vous connaît maintenant. Je vous avais dit de ne pas désespérer !

— C'est vous qui aviez raison depuis le début ! Et concernant ce que nous avions évoqué en cas de libération, vous vous souvenez ?

— Votre carrière politique ? Vous aurez toute votre place dans ma campagne. Je n'ai qu'une parole ! Mais nous en discuterons en arrivant au QG électoral, tout à l'heure. »

Théophile s'enfonça, un large sourire aux lèvres, dans le fauteuil de la berline. En vingt-quatre heures, il était passé d'un cauchemar à un rêve éveillé. Beaucoup d'inconnues s'entrechoquaient encore. Que ferait-il dans la campagne de Ruinet ? Ce dernier avait-il des chances sérieuses de remporter la primaire réactionnaire ? Où allait-il vivre ?

Pour l'heure, il se laissait porter. Après tout, il n'avait rien fait de particulier pour que les choses s'arrangent ainsi d'elles-mêmes. Les planètes s'alignaient. Il était libre, enfin célèbre, et même Tom, pourtant membre du Parti Inclusif de la première heure, lui conseillait de côtoyer son ancien avocat. Il n'avait qu'à se taire sur l'année passée, faire quelques séances avec son thérapeute, et tout irait bien. Une carrière politique s'ouvrait peut-être finalement à lui.

◆

La berline entra dans Paris. Aussi étonnant que cela puisse paraître, c'était la première fois de sa vie que Théophile pénétrait dans la capitale française. Il l'avait beaucoup vue en photo ou dans des films, mais n'avait jamais eu l'occasion de s'y rendre. Son échec à intégrer l'APHP avait sonné pour lui le glas de ses envies parisiennes. La Ville lumière n'était en rien conforme à ce qu'il avait projeté. Tout était sale. Immonde, même. Nantes était loin d'être un modèle en la matière, et la ville qu'il avait connue enfant avait disparu depuis bien longtemps. Mais ce qu'il constatait désormais était encore différent. Les murs, décrépis, suintaient. Le ciel, pourtant dégagé, présentait un gris si terne qu'il enlaidissait les oiseaux qui auraient dû le décorer. Le long de la route que parcourait la berline, Théophile voyait défiler une misère humaine déchirante. Un homme, noir, se tenait à moitié dévêtu sur le trottoir. Une grande partie de sa cuisse droite était dépourvue de chair et laissait à découvert un morceau de son os. Un mètre plus loin, un autre, à l'allure similaire, s'enfonçait une seringue dans le bras. Un panneau au-dessus de lui indiquait « 16e arrondissement – Rue de la Pompe ».

Ayant contourné la place du Trocadéro et sa célèbre sculpture de clitoris géant d'Anish Kapoor, la berline descendait vers l'emblématique Tour Eiffel, peinte depuis plus d'une décennie aux couleurs de l'arc-en-ciel pour célébrer la diversité. Ses teintes étaient fatiguées, et paradoxalement, sombres. Derrière, sur le champ de Mars, des tentes à perte de vue. Un imposant campement aux allures de bidonville se dressait là. Des gens faisaient du troc. Un poisson contre une paire de baskets. À côté, une femme, pâle, décharnée, déféquait en plein air devant son fils. La voiture continuait son tracé. Elle passa à côté des Invalides, le tombeau de Simone de Beauvoir. Au loin, de l'autre côté de la Seine, dont la couleur verte ne brillait que de ses reflets marrons, le Grand Palais laissait entrevoir des trous dans sa toiture de verre. Ce périple était insoutenable. Le GPS indiquait encore quatre-cents mètres de rues à parcourir avant la destination finale. Lors du dernier virage, un grand dessin sous un pont, de type *street art*, représentait la présidente Diallo, souriante et apaisante, stylisée sur le modèle du célèbre portrait de Che Guevara. Seules les couleurs tranchaient avec l'original, le blanc et le noir ayant laissé place au violet, au bleu, au vert, au jaune, à l'orange et au rouge. Passant devant, Ruinet interpella son ancien client.

« Je me la coltine tous les jours. Quelle horreur cette peinture. »

Théophile fut interloqué que son avocat ne trouve de l'horreur que dans ce portrait – par ailleurs esthétique –, au point d'en faire part à haute voix. Après avoir traversé des rues déshumanisées, beaucoup d'autres situations méritaient bien plus ce qualificatif. Sans doute l'habitude de vivre à Paris.

Finalement, le véhicule s'arrêta devant un grand bâtiment plutôt propre, de six étages, avenue de Ségur, entièrement recouvert de drapeaux français et sur le fronton duquel était inscrit « RUINET 2062 – QG DE CAMPAGNE ». Ils sortaient à peine de la voiture qu'une ovation se fit entendre. Partout au pied de l'immeuble et à ses fenêtres, des gens, jeunes et moins jeunes, étaient en liesse. Mais cette fois, c'est bien Théophile qu'ils acclamaient. Ce dernier fut ému. Il leur adressa de grands signes avec les mains, et pénétra dans le quartier général électoral. L'intérieur était imposant. Un immense escalier central faisait face à la grande entrée et menait au premier étage. Dans le hall d'accueil trônaient des drapeaux tricolores et un portrait de Ruinet.

« Venez, on nous attend en salle de conférence », dit le candidat à Théophile.

Ils prirent l'escalier, puis, après avoir marché quelques mètres dans un dédale de couloirs étroits, Ruinet ouvrit une porte qui donnait sur une vaste salle de réunion. Une quinzaine de personnes étaient rassemblées autour d'une table ovale. Deux chaises, dont l'une plus grande réservée au chef, étaient restées vides. Le candidat s'assit et fit signe à Théophile de s'installer. Il se sentait important. Ruinet lança la séance :

« Bien, mesdames, messieurs, merci d'être ici. Avant de démarrer l'ordre du jour de ce comité stratégique, je voudrais vous présenter quelqu'un que vous connaissez tous déjà, M. Théophile Liviu. »

Des applaudissements nourris suivirent, puis le calme revint et le candidat reprit :

« Théophile est un atout inestimable pour nous. Il est devenu un symbole pour beaucoup de gens. J'ai donc pensé qu'il lui fallait le poste le plus visible possible. Si nous remportons les primaires, je crois qu'il pourrait intégrer l'équipe des porte-paroles.

— Excellente idée ! s'exclama un homme en bout de table.

— Je partage votre analyse, réagit un autre, mais le meilleur entraînement lui sera nécessaire. Les médias sont féroces et quelqu'un d'inexpérimenté pourrait rapidement prendre l'eau en direct. Ce serait dévastateur pour notre image. Nous sommes détestés au plus haut point par toute la sphère médiatique. Chacun de nos propos est détourné, dégradé, calomnié. Nous ne sommes jamais montrés que comme de dangereux fascistes adeptes de la mort et de la haine. Chacune de nos faiblesses est traquée, augmentée et exploitée. Nos porte-paroles sont rompus à cet exercice depuis longtemps. Une personne inexpérimentée pourra difficilement acquérir tous les codes si rapidement. »

Ruinet se tourna alors vers son ancien client :

« Qu'en pensez-vous ?

— Je suis plus que partant, et prêt à travailler autant qu'il le faudra. Comptez sur moi.

— Bien, conclut le candidat, l'affaire est entendue. Vous toucherez une rémunération pour cela et bénéficierez d'un logement fourni par le parti du fait de votre situation particulière. Vous serez entraîné quotidiennement pendant les dix prochains jours pour une prise de poste en tout début de campagne présidentielle, si nous gagnons, et sous réserve que vous validiez votre formation. Merci. Sujet suivant, les sondages. On observe très nettement en temps réel un effet Théophile Liviu, je repasse devant mon principal adversaire de cette primaire… »

Alors que la réunion continuait, l'esprit de Théophile divaguait. Il allait faire de la télévision. Son rêve éveillé n'en finissait plus de s'embellir. Il était au cœur d'une campagne électorale de premier plan et n'avait à se soucier de rien. Logé et payé pour satisfaire ses envies de toujours. Après quelques instants d'absence, la voix de Ruinet le ramena à la réalité :

« Théophile ? Pouvez-vous nous laisser s'il vous plaît ? Nous allons entrer dans des discussions confidentielles. Merci.

— Oui, bien sûr. »

Théophile s'éclipsa. Il se sentait un peu humilié de devoir quitter la réunion, mais cela ne ternirait pas son moral. Son futur poste constituait une avancée majeure pour sa carrière politique naissante. Après s'être fait expliquer les détails de son agenda des dix prochains jours par un assistant, soit six heures de média training quotidien, il prit possession de son nouveau logement, prêté par le Parti de la Réaction. C'était un bel appartement de trois pièces, avec une vue sur le tombeau de Simone de Beauvoir, à deux pas du QG électoral. Il avait une chambre, un salon avec cuisine américaine et une salle de bains. Cela lui allait parfaitement. Aux alentours de 21 heures et après une journée bien chargée durant laquelle il était sorti de prison, avait retrouvé Ruinet et avait été nommé potentiel futur porte-parole d'un parti politique majeur, tout en découvrant qu'il était célèbre, il se mit au lit et alluma la télévision. Par hasard, il tomba sur le débat des primaires de l'Union Intersectionnelle Internationale. Les échanges battaient leur plein. Deux candidates s'opposaient pour l'obtention de l'investiture de leur parti, mesdames Diakité et Vignale. Théophile se passionna pour ce débat. Elles s'accrochaient sur des questions d'ordre politique et idéologique. Alors que Vignale, accusant l'autre d'être trop molle, désirait ardemment la destruction de certains monuments religieux chrétiens représentant le patriarcat par excellence, Diakité lui répondait qu'il n'était pas envisageable d'effacer des œuvres architecturales réalisées par des ouvriers aliénés et opprimés victimes du mépris de classe monarchique. Puis les rôles s'inversaient. La candidate qui se défendait peu de temps avant passa à l'attaque :

« *Votre ambition est de gouverner avec la présidente Diallo ! Vous faites preuve de faiblesse dans vos convictions. Dois-je vous rappeler que la cheffe de l'État a fait rejeter tous nos amendements sur la suppression de l'attribution d'un sexe à la naissance ?*

— *Je ne l'oublie pas, mais pour faire face au fascisme réactionnaire d'extrême droite totalitaire, il faut être capable de faire des compromis, madame Diakité !* »

Puis, alors que madame Vignale s'insurgeait contre les politiques racistes de l'État, qui ne s'était toujours pas excusé pour les expulsions de plusieurs milliers de personnes noires vers leurs pays d'origine entre les années 1980 et 2030, madame Diakité asséna une phrase qui, sans qu'elle le sache encore, allait lui permettre de gagner cette primaire :

« *Madame Vignale, honte à vous. Comment osez-vous parler de racisme, vous qui êtes blanche ? Les progressistes blancs comme vous sont ceux qui causent le plus de dégâts au quotidien aux gens de couleur. Votre certitude d'avoir dépassé le racisme inhérent aux Blancs vous aveugle quant à votre participation au* système d'oppression systémique *des racisés. Les Français ne veulent plus de votre fragilité blanche !*

— *Retirez ça immédiatement, je ne vous permets pas !* » lui répondit madame Vignale.

Alors que le présentateur appelait au calme, madame Diakité acheva de marquer le point en lançant, courageusement :

« *Monsieur, quand on est un homme, on se tait et on ne fait pas de* woman interrupting *!* »

Tonnerre d'applaudissements dans la salle.

Le débat terminé, aux alentours de 23 heures, Théophile éteignit la télévision. Une pensée le traversait. À l'âge de quarante-deux ans et malgré deux années passées à la croisée de violents désaccords idéologiques, il n'avait toujours aucune conviction profonde. Pendant sa vie de médecin hospitalier, il avait tenu la présidente Rokhaya Diallo en sympathie. Après sa rencontre avec Ruinet, il s'était senti conservateur dans l'âme. Puis dix mois de séances avec Tom l'avaient rendu farouchement inclusif. Depuis ce matin, un militantisme réactionnaire se faisait jour. Seule restait son ambition politique, peu importe les idées. Le destin l'avait conduit au bon endroit. Soit.

X

Théophile était fatigué. Voilà cinq jours qu'il suivait ses médias training en vue de sa prise de fonction en tant que porte-parole. Les résultats n'étaient pas au rendez-vous. Il y avait énormément de choses à assimiler en très peu de temps. Et, parallèlement, l'ancien détenu avait le sentiment de passer à côté du plus important. Depuis sa brève participation au comité stratégique, il n'avait vu personne. Ni Ruinet ni aucun cadre du parti. Son quotidien se limitait à rejoindre un studio calfeutré loué par les équipes de son candidat, et suivre un entraînement personnalisé six heures par jour. Le premier tour des primaires réactionnaires avait lieu le lendemain, et Théophile se désolait d'être contraint de réaliser, en ces derniers jours avant le vote des militants, des exercices dont il ne percevait pas l'intérêt.

« Non. Ça ne va pas, on recommence », lui dit le professeur Cornuaud.

Les deux hommes se trouvaient sur un plateau de télévision fictif, et le professeur jouait le rôle d'un journaliste hargneux auquel Théophile devait répondre en tant que porte-parole de la future campagne présidentielle de Ruinet.

« Monsieur Liviu, vous avez été incarcéré pendant près d'un an et demi dans les geôles du régime pour brunophobie. Aujourd'hui, vous êtes libre. Avez-vous abandonné vos réflexes discriminants ?

— Oui. J'ai beaucoup appris de ma détention et je pense que je suis en mesure…

— NON ! hurla monsieur Cornuaud, ça ne va pas ! Ne rentrez pas dans son jeu, n'allez pas sur son terrain. Vous devez redéfinir les termes de la question qu'il vous pose, pas vous y soumettre.

— D'accord, on reprend quand vous voulez.

— Monsieur Liviu, vous avez été incarcéré pendant près d'un an et demi dans les geôles du régime pour brunophobie. Aujourd'hui, vous êtes libre. Avez-vous abandonné vos réflexes discriminants ?

— La question ne se pose pas comme ça. Je pense qu'il faut plutôt se demander pourquoi j'ai pu dire des choses brunophobes. Or, il s'avère que…

— Stop. Vous le faites exprès ?

— Euh, non, vous m'avez demandé de redéfinir les termes du sujet.

— Il y a beaucoup d'attente autour de votre première prise de parole. Vous êtes un symbole des injustices du régime. Là, on a le sentiment que vous n'avez pas véritablement de convictions. Vous devez disqualifier immédiatement la raison même de votre incarcération. Le concept de brunophobie est absurde. Dites-le ! On recommence ! »

Le professeur Cornuaud posa une nouvelle fois la question :

« Monsieur Liviu, vous avez été incarcéré pendant près d'un an et demi dans les geôles du régime pour brunophobie. Aujourd'hui, vous êtes libre. Avez-vous abandonné vos réflexes discriminants ?

— Le concept de brunophobie est absurde. La préférence n'est pas une discrimination. C'est profondément humain. »

Théophile chercha l'acquiescement de son professeur d'éloquence du regard. Il le trouva puis, conscient d'être sur la bonne voie, poursuivit :

« Je peux préférer le café au thé, ça n'est pas une discrimination pour le thé. Vous comprenez ?

— NON ! s'emporta encore monsieur Cornuaud. Je vous l'ai répété mille fois, on ne compare pas les objets aux humains. Vous n'avez pas tort sur le fond, mais vous ne pouvez pas dire ça à la télévision. Faites un effort, s'il vous plaît. Vous parlez de façon claire et intelligible, vous écouter est agréable, mais vos propos ne sauraient servir les intérêts du candidat. »

Théophile n'y arrivait pas. À la moitié de sa formation, il n'avait pas réussi à acquérir les bases élémentaires nécessaires pour passer à la télévision. Lui qui se savait pourtant très éloquent, ne parvenait pas à intérioriser les codes de cet exercice si particulier. Pour ne rien arranger, alors qu'il lui restait deux heures de cours, un rappel sonna sur le téléphone que lui avaient prêté les équipes de Ruinet, affichant : « SÉANCE TOM ». Dans le tourbillon des derniers jours, il avait complètement oublié son obligation psychiatrique hebdomadaire avec son thérapeute. Déjà en retard, il prit la tangente, s'excusa auprès du professeur Cornuaud, et sauta dans un taxi en direction de la prison où il était encore incarcéré une semaine plus tôt. Il lui semblait que des années s'étaient écoulées depuis qu'il avait été libéré. Sur le chemin pour son ancien lieu de détention, il vit les mêmes scènes de désolation parisiennes. Celles-ci atteignirent leur apogée lorsque le taxi dut faire un léger crochet sur la route pour éviter un corps, dont on ne savait pas s'il était animé ou non, et sur lequel s'étaient affairés deux rats.

Quelques minutes plus tard, son chauffeur se stoppa net devant l'établissement pénitentiaire. Seul face à la prison, Théophile eut des palpitations. Tout ce qu'il avait presque oublié depuis une semaine remontait à son esprit. Le vélo, la nourriture immonde, l'étroitesse de sa cellule, son viol. Alors même qu'il accusait un retard de dix minutes, il resta encore sans bouger en fixant ses anciens quartiers. Il dut se faire violence pour forcer son corps à se mouvoir vers l'entrée. Arrivant dans la salle de consultation qu'il avait toujours trouvée belle, il se dit que seul un enfermement prolongé pouvait donner de si mauvais goûts. Les couleurs, vives et kitsch, lui apparaissaient désormais très mal assorties. Tom se tenait derrière son bureau. Affichant son habituel sourire carnassier, il salua Théophile depuis sa chaise :

« Vous voilà ! J'ai cru que vous ne viendriez pas. C'eût été bien dommage pour votre maintien en liberté. Mais l'essentiel est que vous soyez là. Pas trop bizarre, de revenir ici ?

— Si, pour être tout à fait honnête. J'ai eu comme un drôle de sentiment. J'avais peur de ne pas pouvoir ressortir.

— Allons. Si vous respectez les règles que je vous ai indiquées la semaine dernière, il n'y a aucune raison que cela se produise. Racontez-moi plutôt ce qu'il s'est passé depuis. »

L'ancien détenu se mit alors à détailler sa semaine. De sa sortie de prison à ses entraînements médias laborieux. Cependant, il omit volontairement de mentionner que son ancien avocat avait moqué la version de Tom quant à sa libération, considérant que celle-ci était liée à la pression médiatique exercée par le Parti de la Réaction et non à une quelconque thérapie. À la fin de ces dix minutes d'exposé, Tom commença à poser quelques questions :

« Donc vous n'avez vu Pierre Ruinet qu'une seule fois ? s'agaça-t-il.

— Absolument.

— C'est trop peu. Vous avez un besoin thérapeutique de passer du temps avec lui, je vous l'ai déjà dit. Et puis, porte-parole, c'est un placard…

— Comment ça ?

— Eh bien, vous savez comment ça marche. Dans un parti, il faut être très près du chef. Or là, sur les plateaux, vous serez loin du cœur du réacteur !

— Mais c'est aussi un moyen d'exister politiquement ! rétorqua Théophile pour se convaincre.

— Tout le monde vous aura vite oublié. Faites-moi confiance. Vous devez impérativement vous rapprocher de Pierre Ruinet dans votre intérêt médical et politique.

— Je promets de faire le maximum. Mais ça ne dépend pas que de moi.

— Débrouillez-vous, trancha sèchement le thérapeute. Parlez-moi maintenant de ce comité stratégique auquel vous avez assisté. Autour de la table, pourriez-vous me dire qui était présent ? »

Piqué à vif par les propos de Tom, Théophile songeait qu'il n'avait peut-être pas tort. Tout en réfléchissant à ce qu'il venait d'entendre, il répondait le plus clairement possible à sa question, et essaya de décrire avec précision les personnes qu'il avait vues lors de cette réunion. Mais Tom, qui avait perdu son sourire depuis déjà quelques minutes, n'était pas satisfait. Théophile était très ennuyé ; il n'aimait pas le décevoir.

« Bon. Eh bien, je vous dis à la semaine prochaine. Vous n'avez pas du tout progressé cette semaine. C'est très inquiétant pour votre thérapie. Je commence à craindre d'avoir eu tort sur mon diagnostic. Quand vous reviendrez dans six jours, tâchez de remplir vos obligations thérapeutiques. Rapprochez-vous de Pierre.

— Entendu, docteur. »

Cette séance avait décidément transformé cette mauvaise journée en une très mauvaise journée. Dans le taxi sur le chemin du retour, comme un signe du destin, il reçut un appel de Ruinet. Avant de décrocher, il prit une grande inspiration. C'était l'occasion ou jamais de se rapprocher de Pierre. Les deux hommes ne s'étaient pas parlé depuis sa sortie de prison.

« Allô ? dit-il avec une assurance qui tranchait avec son anxiété réelle

— *Bonjour. Que faites-vous, où êtes-vous ?* »

Des frissons le traversaient. Il n'avait rien dit à Ruinet de sa thérapie, et le candidat aurait pu croire qu'il le trahissait en voyant Tom.

« Je suis dans Paris.

— *OK. Vous pouvez venir dans mon bureau ? J'ai à vous parler.*

— Bien entendu, je suis là dans vingt minutes. »

Théophile changea l'adresse de sa destination auprès de son chauffeur taxi, puis se mit en route vers le QG électoral de son ancien avocat. Il ne parvenait pas à se faire à sa nouvelle vie parisienne. Nantes lui manquait malgré l'insécurité qui y régnait. Mais il se disait tout de même qu'au moins, il était libre. À peine arrivé au QG, Théophile se fit saluer par plusieurs militants. Tous le reconnaissaient. Il aimait cette sensation neuve.

« Pourriez-vous m'indiquer le bureau de Pierre Ruinet, s'il vous plaît ? demanda-t-il à un jeune homme encravaté aux couleurs du Parti de la Réaction qui lui avait souri.

— Bien sûr, monsieur Liviu, suivez-moi. »

Le jeune l'emmena par ascenseur au sixième et dernier étage du QG.

« C'est la porte au bout du couloir. Bonne journée, monsieur Liviu. »

Arrivé devant celle-ci, Théophile frappa trois fois. Il s'attendait à ce que le candidat lui ouvre. Il pensait que ce dernier avait découvert sa thérapie et qu'il lui remonterait les bretelles. Théophile était prêt à assumer. Après tout, il avait été contraint à ne rien dire. C'était ça ou la prison. « Entrez », dit une voix féminine. Théophile pénétra dans un petit bureau à gauche duquel se trouvait une autre porte. Une jeune femme, blonde, magnifique, aux traits fins et à l'allure solaire lui souriait. Ses yeux étaient d'une clarté que l'on ne croise d'ordinaire jamais. Ses cheveux, longs, étaient lissés avec soin. Des lèvres délicates, harmonieuses, venaient mettre en valeur un visage qui aurait pu être dessiné tant il était beau.

« Monsieur Ruinet va vous recevoir dans un instant, vous pouvez patienter ici, Monsieur Liviu. Souhaitez-vous boire quelque chose ? Café, thé, champagne ? »

Théophile prit le temps de réfléchir quelques secondes. Il était interdit d'alcool. Mais après tout, qui le saurait ? Il avait bien mérité sa coupe après ces mois d'abstinence.

« Je veux bien du champagne, s'il vous plaît !

— Tout de suite, M. Liviu. À cette heure-là de la journée, les gens demandent plutôt du café, mais vous avez raison, il faut savoir se faire plaisir, nous ne sommes pas à l'UII ici », rigola la secrétaire.

Elle se leva, laissant ainsi voir une jupe arrivant mi-cuisses, une taille marquée et deux magnifiques jambes dont la finesse tranchait avec une poitrine visiblement affirmée et affermie, servit une coupe à Théophile, et tout en lui donnant, effleura son doigt. Elle sentait bon. Théophile était mal à l'aise. Il y avait des années qu'il n'avait pas été si perturbé par la beauté d'une femme. Observant la secrétaire, qui devait avoir tout au plus vingt-cinq ans, il but une première gorgée et lui dit :

« Vous êtes une militante réactionnaire ?

— Plutôt deux fois qu'une. »

Sa voix était aussi douce que son apparence. Elle reprit :

« Il était évident pour moi de suivre Pierre. Le parti avait cette image nauséabonde et vieillotte. Lui, il incarne une jeunesse, un renouveau pour nos idées. Un visage cool de la réaction ! Je suis très heureuse qu'il m'ait choisie comme secrétaire particulière. Vous le connaissez très bien depuis votre procès, non ?

— Oui, je connais très bien Pierre. C'est un ami. On a traversé des choses ensemble qui nous ont rapprochées.

— C'est un homme exceptionnel. C'est un peu grâce à vous que nous avons la chance de l'avoir ! Tout le pays a suivi cette affaire, de votre procès jusqu'à votre libération. On est contents de vous avoir parmi nous. Oh ! Vous n'avez plus de champagne. Je vous ressers ?

— Tout le plaisir est pour moi vous savez, dit Théophile en tendant son verre. Comment vous appelez-vous ?

— Amélie », dit-elle, un léger sourire en coin.

À cet instant, Ruinet sortit de la porte située à gauche du petit bureau d'Amélie. « Théophile ! Je vous en prie, entrez ! » Un dernier regard fut échangé, puis l'ancien détenu pénétra dans l'espace du candidat. La pièce était modeste et peu meublée. Elle donnait en revanche sur une terrasse à peu près aussi grande :

« Mettons-nous dehors, nous serons mieux pour discuter, entama Ruinet.

— Je vous suis », répondit-il, sa coupe encore à la main.

Théophile avait peur de ce que pouvait lui dire son ancien avocat. Après un silence de quelques secondes, il attendait que le couperet tombe lorsque Pierre reprit finalement la parole.

« Comme vous le savez, demain a lieu le premier tour des primaires du parti. Les sondages me placent tous en tête. Pour être honnête, je vous le dois aussi. J'ai commencé à dépasser largement mes adversaires à partir de votre libération. »

Flatté, Théophile ne dit rien, mais leva légèrement son verre, comme pour exprimer qu'il était ravi d'avoir pu aider. Ruinet, souriant, poursuivit.

« Il y a donc de fortes chances que je remporte les primaires dès le premier tour. J'avais dans un premier temps souhaité que vous fassiez un discours juste avant moi. Toutes les caméras du pays seront présentes.

— Et donc ? demanda Théophile, sachant pertinemment que la suite ne lui serait pas favorable.

— Mais voilà, votre professeur d'éloquence monsieur Cornuaud m'a fait un rapport. Il me dit que vous n'êtes pas prêt du tout à parler en public. Ni demain ni la semaine prochaine. Et peut-être même jamais.

— Il me faut juste un peu de temps. Je vais m'améliorer.

— Si je gagne la primaire, la présidentielle commencera dès demain. Nous ne pouvons pas attendre vos progrès. Continuez à vous former avec le professeur Cornuaud plusieurs heures par semaine jusqu'à ce qu'il estime que vous soyez mûr. Quand vous le serez, je vous nommerai porte-parole.

— D'accord, mais en attendant ?

— En attendant, j'ai une autre mission à vous confier. J'ai pensé que vous pourriez être le lien entre le terrain et moi.

— C'est-à-dire ?

— C'est-à-dire que je vais être sur des plateaux, sur scène, en débat, mais que je n'aurai pas vraiment le temps de prendre le pouls du terrain. Vous jouissez maintenant d'une grande popularité et c'est un véritable atout, car vous serez bien reçu partout chez nos militants. Votre rôle serait d'aller à la rencontre de nos équipes, d'écouter ce qu'elles pensent, ce qu'elles attendent, et de me le rapporter. Une sorte de fil conducteur entre les militants et moi. C'est fondamental.

— Euh, oui, bien sûr, avec plaisir. Donc vous m'enverrez des listes d'événements auxquels il me faudra être présent ?

— Allons, un peu de débrouillardise. Essayez de bien vous répartir sur tout le territoire, et cherchez par vous-même des réunions publiques entre militants, des rassemblements dans des bars. Ce genre de choses. Ma vision du terrain doit être la plus fidèle possible.

— Entendu. J'ai une autre question... peut-être un peu terre à terre. Quel sera mon titre ?

— Ah. Eh bien, si vous y tenez, votre titre sera conseiller spécial, et on fera un point tous les deux, comme maintenant, chaque semaine. »

Théophile était ravi de la proposition. Il se remémorait ce que lui avait dit Tom. L'occasion de se rapprocher du chef était unique :

« J'accepte avec bonheur. Vous pouvez compter sur moi !

— Magnifique ! lui répondit Ruinet, l'air étonnement soulagé. Concernant la soirée électorale de demain, puisque vous n'êtes pas prêt, il va de soi que vous ne vous exprimerez pas. »

Théophile n'eut pas le temps d'être déçu, que tout de suite, Ruinet ajouta :

« J'aimerais en revanche, après mon discours, quand je vous aurai mentionné, que vous montiez sur scène avec moi pour célébrer la victoire ensemble devant les caméras.

— Ce serait un honneur. »

Après une poignée de main virile, Théophile quitta la pièce. Repassant par le bureau d'Amélie, il lui demanda si elle viendrait à la soirée électorale du lendemain. « Évidemment. » Elle avait les pommettes marquées par son sourire.

XI

« *5, 4, 3, 2, 1... Pierre Ruinet remporte la primaire réactionnaire dès le premier tour avec 52,1 % des voix.* »

L'annonce du présentateur TV de TF1, projetée sur écran géant, avait libéré toute la Maison de la Mutualité. Une explosion de joie se fit entendre. Théophile, en plein milieu des partisans ruinistes réunis pour l'occasion, laissa lui aussi une euphorie incommensurable l'envahir. Il ne pouvait pas s'empêcher de se dire que désormais, il était l'ami d'un des hommes politiques les plus importants de France. Sa carrière électorale allait pouvoir enfin connaître une ascension méritée. Dans la folie qui suivit l'annonce des résultats, des militants qui reconnaissaient Théophile venaient lui exprimer leur sympathie. L'une d'elles était Amélie. Théophile n'eut alors d'yeux plus que pour la secrétaire du récent vainqueur.

« On a gagné, Théophile ! lui dit-elle.

— Oui, on a gagné. Enfin, nous n'avons jamais gagné qu'une élection interne. Le plus difficile est à venir. Il va maintenant falloir se battre pour que dans six mois, Pierre soit notre président. »

Une petite gêne s'installa entre les deux, mais fut rapidement interrompue : le désormais candidat à l'élection présidentielle venait de faire son apparition. « RUI-NET, RUI-NET, RUI-NET », entendait-il, tout en frôlant ses doigts avec ceux d'Amélie, qui était restée près de lui. L'avocat monta sur scène, sourire aux lèvres et bras en l'air, et commença son discours en même temps qu'Amélie délaissa les mains de Théophile pour se tourner vers la star du jour.

« Mes chers amis, cette victoire est une grande victoire ! Aujourd'hui, les militants réactionnaires ont choisi la clarté. Je dis d'ores et déjà à mes futures adversaires, madame Diallo du Parti Inclusif et madame Diakité de l'UII, que les réactionnaires ont fait un pas immense ! Un pas immense vers un pays fort, un pays juste, un pays sain, un pays dans lequel chacun pourra exprimer sa préférence sans être incarcéré, un pays dans lequel chacun pourra aimer une personne du sexe opposé sans être pénalisé professionnellement, un pays dans lequel chacun pourra lire tous les ouvrages passés et présents sans risquer la prison, un pays dans lequel chacun pourra donner son opinion librement. »

Alors que la clameur regagnait l'intensité qui fut celle de l'annonce de la victoire, Amélie avait complètement oublié Théophile, obnubilée qu'elle était par Ruinet. À peine l'ancien détenu eut-il le temps de se faire cette réflexion, que les événements vinrent changer la donne. Ruinet poursuivit.

« Et ce soir, quel plus édifiant symbole de liberté que celui qui fut incarcéré injustement puis libéré grâce à nos efforts, mon plus beau soutien, THÉOPHILE LIVIU ! »

Une invincible ardeur gagna la foule, qui tout entière se tourna vers lui. Amélie semblait à nouveau en faire le centre de son attention lorsque, happé, il se mit à marcher triomphalement vers la tribune sous les hourras des deux-mille militants présents. Montant sur scène les mains en l'air et faisant un signe de V, Ruinet le prit dans ses bras puis l'applaudit longuement, en le regardant, devant une foule intenable. *C'est sans doute le zénith de ma vie*, se dit Théophile, qui profitait de chaque seconde qui s'écoulait.

Ruinet, après avoir laissé ovationner Théophile, poursuivit son discours.

« Merci, cher Théophile, de m'accorder ta confiance pour ces élections. Je suis fier de t'avoir accompagné pendant ta procès et jusqu'à ta libération. Tu es un modèle de liberté. Merci de ton engagement auprès de moi. »

Sur ces mots, le candidat réactionnaire nouvellement désigné lui fit signe de quitter la scène. Même s'il avait été prévenu en amont, Théophile avait nourri l'espoir secret d'être invité à prendre la parole : son discours était même déjà rédigé, au cas où. Peu importe, à sa descente de l'estrade, de nombreux militants réactionnaires se pressaient à nouveau à sa rencontre pour réclamer des photos. Bien que n'ayant rien fait pour l'acquérir, il savourait cette notoriété nouvelle qu'il avait espérée toute sa vie. Une sorte de file d'attente s'était formée devant lui pour faire des *selfies*. Soudain, ce fut au tour d'Amélie, qui s'était discrètement glissée dans la queue. Sans hésiter, Théophile lui dit :

« On va dîner ?

— Mais enfin le discours de Pierre n'est pas terminé !

— Amélie, on a gagné ! C'est le plus important. Je t'invite dans un bon restaurant pour fêter cette victoire.

— D'accord, je vais chercher mes affaires », dit la jeune femme en rougissant légèrement, surprise d'être aussi rapidement conviée à ce qui ressemblait à un rendez-vous galant.

À peine étaient-ils sortis de la Mutualité que Théophile fit arrêter un taxi, et ils partirent vers le Pré Catelan, un restaurant luxueux vieux de plus de cent-cinquante ans situé à l'ouest de Paris, dans le bois de Boulogne. Pour impressionner Amélie, il était prêt à dépenser l'intégralité du salaire qu'il venait de percevoir de la part du Parti de la Réaction. Une belle table fut réservée dans le grand salon. Les lieux étaient sublimes. Ils semblaient avoir traversé le temps, sans une seule éraillure, depuis une époque de faste. Des colonnes en pierres blanches ornaient les quatre coins de la salle. Des lustres en cristal et d'imposants rideaux jaunes et bleus complétaient cet harmonieux décor. Partout autour, de jeunes gens délicatement costumés s'affairaient à offrir un service impeccable à leurs clients. De précieux plats en argent se succédaient pour présenter les mets les plus fins. « Tu es fou ! » chuchota Amélie en s'installant. Théophile commanda immédiatement une bouteille de Roederer qu'ils consommèrent avant l'entrée. Puis une seconde, puis une troisième. Au gré des bulles, le dîner battait son plein. Tous deux étaient ivres et les discussions sur le génie de Pierre Ruinet s'enchaînaient. Après les échanges professionnels de rigueur vinrent des mots plus intimes, chacun se confiant sur son parcours de vie. Théophile écoutait avec attention le récit de celle dont il tombait indubitablement amoureux. Contrairement à lui, elle était une idéologue convaincue. Diplômée d'un master en Histoire, les programmes qu'elle avait dû étudier pendant ses cinq années universitaires avaient achevé de la persuader de s'encarter au Parti de la Réaction. « Sexe et détermination sociale dans la France préinclusive », « Genres, races et classes sociales de 1789 à nos jours », « Histoire politique de l'inclusion », « Oppressions et institutions en Europe de la naissance de l'UE à sa mort », autant de matières qui constituaient le cœur des enseignements qu'elle avait reçus. Amélie, depuis son enfance, avait au contraire été bercée d'une autre histoire de France par son père. Toujours vivant, mais très âgé, il l'avait eue très tard. C'était, disait-elle, un historien reconnu sous l'ancien régime, contraint au retrait de sa vie professionnelle à l'arrivée au pouvoir du Parti Inclusif. Son contrat d'enseignement avait été suspendu et ses publications immédiatement censurées. Passionnée, elle connaissait grâce à lui l'histoire de son pays mieux que quiconque. Plus exactement, une histoire à laquelle il n'était plus possible d'avoir accès. Son père lui avait fait lire des ouvrages interdits. Il n'était pas rare qu'il lui conte l'épopée napoléonienne, la vie de Charles de Gaulle et le règne du Roi Soleil avec admiration et non avec dégoût, comme il était convenu de le faire en toutes circonstances depuis 2042. Le conditionnement politique anti-régime d'Amélie datait de ses très jeunes années. Soutenir Ruinet n'était qu'une suite logique. Quant à lui, Théophile avait été plutôt honnête sur sa récente conversion à la Réaction et son relatif désintérêt idéologique des quarante premières années de sa vie. Cela ne la dérangeait pas. Au contraire. Elle avait trop vécu dans des milieux politisés pour ne pas apprécier de fréquenter un homme comme Théophile. À la fin du dîner, il prit la main d'Amélie, qui faisait détourner le regard de plus d'un client, et lui proposa de poursuivre la soirée chez lui pour boire un verre. Elle refusa élégamment, lui opposant un sourire malicieux et sensuel.

« N'avons-nous rien à fêter ? insista prudemment Théophile.

— Si, justement ! Je n'ai aucune envie de m'enfermer dans l'appartement d'un quasi-inconnu avec du mauvais vin. Ça gâcherait une belle soirée, tu ne trouves pas ? » lui lança-t-elle toujours souriante avant de finir sa coupe de champagne en le fixant dans les yeux.

Théophile sentait pour la première fois depuis longtemps une forme d'excitation. Amélie jouait avec lui, mais il voyait bien qu'un dénouement heureux à cette rencontre devenait perceptible.

« Que veux-tu faire, alors ? la relança-t-il

— Eh bien, pourquoi ne pas retourner au QG ? Une soirée dansante était prévue toute la nuit en cas de victoire, et il n'est que 1 heure du matin.

— Ah, oui, pourquoi pas, mais je suis mauvais danseur.

— Et bon buveur ! Je suis sûre que tu auras de quoi t'occuper. Et les militants t'adorent ! Tu seras sans doute entouré de jeunes gens qui voudront te parler. »

Théophile rit, un peu gêné, et accepta la proposition. Après qu'il eut réglé l'équivalent de la moitié de son salaire, ils se mirent en route pour la fête. L'ambiance était bonne. La musique jouée datait des années 2030, avant le changement de régime. Comme pour en faire un marqueur identitaire, les organisateurs avaient choisi, afin de rester dans la légalité, des chansons d'artistes non soumis à la censure, mais toutefois passés de mode, car d'un temps où les consciences n'étaient pas éveillées à l'inclusion, comme « Bigflo et Oli », ou encore « Vianney ». Rapidement, Amélie prit la main de Théophile et l'attira vers la piste.

« Tu ne veux pas un verre avant ? Je n'ai pas très envie de danser, cria-t-il en réponse dans cette ambiance sonore décibélique.

— Non, moi je vais danser. On se retrouve après. »

Au bar, Théophile gardait un œil sur elle. À peine eut-il le temps de commander une coupe de champagne qu'un groupe de plusieurs militants, la vingtaine tout au plus, vint lui parler. Ne souriant guère, il ne faisait même pas semblant d'être intéressé. Il était en écoute flottante. Au loin, il observait Amélie, superbe, danser avec d'autres cavaliers. Un sentiment de jalousie l'emplit. Il ne s'amusait pas. À sa droite, deux jeunes militants remplissaient un formulaire, avant de s'embrasser. Il avait envie de faire la même chose. Finalement, après une heure, elle revint le voir. Sans perdre de temps, il lui proposa à nouveau de rentrer boire un verre chez lui. Agacée, elle lui répondit qu'il était trop tôt pour cela. Elle lui fit un baiser sur la joue et s'en alla. Il se dit alors que cette première soirée avec la secrétaire de Ruinet, bien que contrastée, était pleine de promesses.

◆

Au gré des rencontres galantes, Amélie et Théophile étaient de plus en plus complices, même si elle avait encore décliné ses propositions d'aller « boire un verre » chez lui plus d'une fois. C'est lors du cinquième rendez-vous que le dénouement intervint finalement. À l'initiative de la secrétaire, ils étaient allés voir un spectacle de *stand up* avant de dîner. Pendant une heure et demie, une vedette de l'humour français, dans l'hilarité générale, enchaînait les blagues sur sa propre communauté d'origine, malienne, et sur des faits du quotidien, comme cette anecdote relative aux transports en commun.

« La dernière fois, j'étais dans le métro. D'habitude, j'ai toujours un ticket sur moi, mais ce jour-là, je l'avais oublié. Et devinez quoi ? Des contrôleurs ! Comme par hasard ! »

La prestation ne les avait guère convaincus, eux, les militants réactionnaires. Partant avant la fin du spectacle, Théophile demanda à Amélie :

« C'était pas drôle, non ?

— Non, c'était chiant à crever. C'était lisse, convenu et policé. On a perdu notre argent. De toute façon, je n'aime que l'humour interdit. Il n'est permis de froisser personne. Comment rire, dans ces conditions ? Désolé de t'avoir traîné ici, je n'imaginais pas que ce serait un tel naufrage.

— Ne t'en fais pas. J'aime bien être avec toi, même pour voir des humoristes pro-Diallo ! »

Ils allèrent dîner, puis, le dessert servi, Théophile prit la main d'Amélie et lui fit discrètement glisser un formulaire de consentement mutuel à l'acte sexuel sur la nappe. Elle rougit.

« Théophile… Je commence tôt demain, Pierre compte sur moi, et je n'ai même pas de changes.

— En as-tu envie ? C'est étrange, mais je sens que nous aurons beaucoup à partager à l'avenir.

— Tu sais, je ne suis pas du tout une adepte des histoires volatiles. Que cherches-tu ?

— Tant que c'est avec toi, à peu près tout ce que tu voudras.

— C'est terriblement cliché ! On se croirait dans un film à l'eau de rose. »

Il la fixait, et amoureusement. Amélie ne dit rien, esquissa un sourire flatté, sortit un stylo de son sac à main et signa le document. Les yeux droits dans les siens, elle murmura : « D'accord. » À l'extérieur du restaurant, dans l'attente de leur taxi, ils se regardèrent encore, sans prononcer un mot, puis Amélie embrassa Théophile. Ce baiser n'en finissait pas. Il n'avait jamais ressenti cela. L'amour qu'il portait à cette femme sans vraiment la connaître n'avait d'égal que la surprise qu'elle lui avait faite en prenant ses lèvres. Il avait envie de pleurer de bonheur.

Revenus du restaurant, les deux s'embrassèrent encore, firent l'amour, et rien de meilleur n'arriva jamais plus à Théophile. Il se confia sur sa récente détention, puis Amélie lui conta les débuts de la campagne de Pierre. Ce n'est que quelques heures plus tard que Théophile se réveilla, seul dans son lit de l'avenue de Ségur. Il était déjà 11 heures. Cela signifiait qu'Amélie était partie depuis plus de deux heures sans qu'il ne s'en soit rendu compte. Surtout, Théophile était en retard pour sa séance de média training avec monsieur Cornuaud. Sans se doucher, mais souriant, il se précipita dans un bus en direction du studio d'entraînement où l'attendait le professeur. Sur la route, assis au fond du véhicule, la tête posée contre la vitre, il se remémorait sa soirée de la veille. Un panneau publicitaire l'arracha finalement à ses divagations. « Chaque jour, des millions de gauchers doivent vivre dans une société pensée par et pour les droitiers. Dites non à la gaucherophobie ! » Cet encart gouvernemental rappela Théophile au bon souvenir du retard qu'il avait pris dans la réalisation des travaux de conformité au sein de son appartement. Depuis une loi datée du temps où il était encore incarcéré, les citoyens, les entreprises et les administrations étaient sommés de s'assurer que toutes les poignées de porte soient au format « arrondi » afin d'éviter aux gauchers toute forme de discrimination systémique.

À l'image de toutes les autres, cette séance n'était pas concluante. L'enseignant s'était résigné. Là n'était pas l'important. Seuls les messages échangés avec Amélie comptaient. « Merci pour cette soirée. » « Hâte de te revoir. » « Tu me manques. » Théophile était heureux malgré ses lamentables prestations lors de ses entraînements. Aux alentours de 16 heures, il sortit de son cours sans avoir progressé, puis commença la mission que lui avait confiée Ruinet de « relais du terrain ». Il était vrai que, ces temps-ci, son esprit avait été plus occupé à songer à son amour qu'à son travail. Il passa quelques coups de fil, s'invitant à des réunions militantes pour la semaine à venir. Ce n'était que le début de sa tâche, mais tout semblait être au beau fixe. C'est du moins ce qu'il dit à Tom en ces termes quelques jours plus tard lors de leur rendez-vous hebdomadaire.

« Je suis sur la bonne voie. Comme vous me l'aviez demandé, je suis parvenu grâce à mes efforts à me rapprocher de Ruinet que je vois désormais régulièrement, et de sa secrétaire dont je suis tombé amoureux et avec qui je sors, lui dit fièrement Théophile.

— Je suis à la fois satisfait de vos progrès, et très déçu par votre comportement.

— Comment ça ?

— D'un côté, vous avez un nouveau poste qui vous amène à fréquenter Ruinet chaque semaine, et vous avez une relation avec sa secrétaire particulière, ce qui est excellent dans le cadre de votre thérapie. De l'autre, je sais de source sûre que vous avez bu de l'alcool, et que vous avez rompu votre clause de confidentialité. C'est suffisant pour vous faire incarcérer.

— Mais pas du tout ! C'est complètement faux ! » se défendit Théophile.

Lui coupant la parole, le thérapeute reprit :

« C'est avéré. Dites-moi ce que votre entrevue a donné et ce que vous a confié votre nouvelle aventure, la secrétaire de Ruinet ?

— Je suis aux balbutiements de tout cela, Ruinet me fait confiance pour créer un lien avec les militants de terrain, et Amélie m'a parlé de ce qui l'a amenée à s'engager pour Pierre au début de sa campagne des primaires. Ma thérapie avance bien.

— Pas si bien que cela Théophile. Je suis très inquiet pour vous… Vous êtes retombé dans l'alcool, vous ne fréquentez visiblement que très peu Ruinet, qui est pourtant la clé de votre guérison. Je me demande parfois si je n'ai pas fait une erreur en prenant cette décision de libération. Il n'est peut-être pas trop tard pour changer d'avis. »

Tétanisé à l'idée de revenir, l'ancien détenu se précipita pour répondre.

« Non ! C'était une très bonne décision, Tom. C'est le début, mais je vous assure que je vais fréquenter Pierre bien plus souvent. Ma relation avec sa secrétaire m'y aidera. Et pourquoi Ruinet est-il d'ailleurs si important à ma guérison ?

— C'est moi le thérapeute ici. Si vous voulez ma place, faites mes dix ans d'études. En attendant, je diagnostique et vous suivez mon traitement.

— Bien entendu.

— Reprenez-vous mon vieux. Je compte sur vous. Je n'ai aucune envie de vous renfermer ici. Aidez-moi à vous aider !

— Je ferai tout ce qui est en mon pouvoir. »

Tom tourna les talons, quitta la pièce et son patient rentra chez lui. À peine arrivé, il écrivit un message à Amélie pour l'inviter à le rejoindre. Il avait besoin d'affection. Seule la tendresse d'Amélie pourrait le sortir de sa turpitude. Elle le retrouva, ils s'installèrent dans le salon. Après avoir parlé des sondages, de la difficile campagne qui s'annonçait, et de la confiance qu'ils avaient en Pierre Ruinet pour représenter leurs idées, Théophile posa la question fatidique qui le taraudait depuis le jour où il avait rencontré Amélie dans son bureau.

« Accepterais-tu d'être en couple avec moi, et d'emménager ici ?

— Wow, déjà ! Je ne m'attendais pas à ça. Pas aussi tôt dans notre relation… »

Elle n'avait pas l'air emballée par la proposition.

« J'aurais dû m'en douter. Je ne suis pas assez bien pour toi.

— Non, ça n'a rien à voir. Mais tu sais ce qu'une déclaration officielle de mise en relation hétérosexuelle exclusive entraîne ? La lourdeur administrative que ce choix implique ?

— Oui, je sais, mais je t'aime, et par amour pour toi j'y suis prêt. Nous ne nous connaissons que très peu, mais je crois que c'est le bon choix. Tant pis pour les nombreux formulaires à remplir.

— S'il n'y avait que cela ! se désola-t-elle. Il y aura aussi les contrôles à domicile par les inspecteurs du strict partage des tâches ménagères, il va me falloir passer le permis de conduire pour respecter l'obligation d'équivalence homme/femme du temps de conduite des véhicules, sans parler du fait que nous allons perdre des points dans la grille “Loi Coffin”… Et ton salaire va baisser ! Je gagne moins bien ma vie que toi, en nous déclarant en couple, tu devras à l’État la réversion salariale obligatoire d’équilibrage. »

Théophile n’avait, il est vrai, pas anticipé qu’une officialisation de mise en relation hétérosexuelle exclusive serait si contraignante, mais il répondit tout de même en souriant amoureusement.

« Certes, mais j’aurai le bonheur de te voir te lever chaque matin. »

Gênée, Amélie sourit à son tour.

« C’est quand même fou ta capacité à être fleur bleue. Mais ça te rend mignon. C’est d’accord. »

Ils se prirent dans les bras. Après avoir entamé les démarches de mise en couple dans le métaverse gouvernemental, ceux qui étaient désormais concubins poursuivirent leur discussion jusqu’à tard dans la nuit. Quand ils furent assez désinhibés par la deuxième bouteille de Roederer, Théophile posa une question qui laissa Amélie pantoise.

« Et toi alors, tu dois avoir accès à de nombreuses informations confidentielles sur la campagne, non ?

— Euh, oui, mais moins que toi, j’imagine ? Tu es très proche de Pierre ! »

Théophile, qui ne voulait pas décevoir Amélie, s’abstint de lui dire qu’ils étaient loin d’être des intimes et répondit :

« C’est vrai que nous sommes très amis… Mais on s’en tient à nos rapports interpersonnels, on évite de parler trop politique… et je trouve justement que l’on devrait se voir plus. Tu pourrais m’y aider ? En lui suggérant, ou même en me mettant dans son agenda ? Tu y as accès, non ? lui dit Théophile avec le tact d’une tractopelle.

— Eh bien, je ne sais pas… C'est bizarre ta question. Je gère en effet son agenda et j'ai accès à pas mal de choses, mais… je ne m'intéresse pas trop au fond la plupart du temps. Et puis je ne suis qu'une exécutante, c'est le cabinet qui décide de son programme effectif.

— Mais si tu voulais m'ajouter à l'agenda, techniquement, tu pourrais ?

— Je ne sais pas Théophile, je suis sous contrat de confidentialité et ta question me dérange. De toute façon, je dois rentrer. Il est tard et je n'ai encore amené aucune affaire ici. »

Visiblement incommodée par l'insistance de son nouveau concubin, Amélie lui fit un bref baiser sans passion, puis s'en alla. Théophile resta seul dans son canapé, où le sommeil le prit avant qu'il n'ait eu le temps de terminer sa bouteille de champagne. En se réveillant avec le soleil, il se remémora sa soirée de la veille et écrit un court message à sa compagne :

« Je suis heureux que nous soyons en couple. Merci d'être dans ma vie. Désolé pour mes questions déplacées, j'avais trop bu. »

Elle répondit instantanément :

« Pas de problème, n'en parlons plus. Je suis heureuse aussi. »

Théophile sourit, sa journée pouvait débuter.

Après une séance à nouveau catastrophique avec le professeur Cornuaud, il se mit en route pour sa réunion hebdomadaire avec Ruinet. Anxieux, il savait ce moment essentiel pour convaincre le candidat de son utilité et pour son maintien en liberté. Se rendant au QG électoral à pied, plusieurs passants s'arrêtèrent pour lui réclamer des selfies. Il ne se lassait toujours pas de sa notoriété. Alors qu'il arrivait finalement dans le petit bureau d'Amélie, juste avant celui de Pierre, celle qui était devenue sa compagne la veille lui sourit, lui servit une coupe de champagne et refusa le baiser qu'il essaya de lui faire. « Non, pas au travail s'il te plaît. »

« Théophile, entrez je vous en prie. Je vais aller droit au but. Vous ne serez pas porte-parole. Le professeur Cornuaud me fait des retours très négatifs sur vos entraînements. Vous ne progressez pas du tout. Ce n'est pas contre vous, c'est dans l'intérêt de la campagne. Je voudrais que vous vous focalisiez sur votre mission de relais terrain, c'est mieux ainsi. Pas de dispersion. »

Les espoirs d'ascension politique fulgurante de Théophile venaient d'en prendre un coup. Il savait que la visibilité médiatique jouait un rôle clé dans une carrière électorale. Ruinet poursuivit :

« Donc, quel est le pouls du terrain ? Comment sont nos militants ? Qu'avez-vous à me dire ?

— Eh bien… Tout est sur les rails : j'ai déjà de nombreux rendez-vous pris dans des réunions militantes.

— Vous n'avez donc pas avancé du tout ? Croyez-vous que le parti vous paye et vous loge pour coucher avec ma secrétaire ? »

Théophile était estomaqué. Cette position d'enfant grondé par sa maîtresse l'humiliait chaque seconde davantage que la précédente. Il répondit, balbutiant :

« C'est de l'ordre du privé.

— Théophile, je ne sais pas à quoi vous jouez. Mais tout cela m'inquiète au plus haut point. Mettez-vous au boulot et séparez votre couple avec Amélie de la vie professionnelle. Ne l'interrogez pas sur son travail. Vous ne tirerez rien à mon sujet de votre relation avec elle. Revenez la semaine prochaine avec des résultats, des éléments tangibles sur ma base militante. »

Théophile ressentait une certaine amertume envers sa compagne. Elle avait déjà tout dit à Pierre. *Quelle garce*, pensa-t-il intérieurement.

« Je vous jure que vous pouvez compter sur moi, Pierre. Je vais être très productif cette semaine. Vous ne serez pas déçu.

— Je n'en doute pas. Faites-le. Justifiez votre salaire.

— Et de votre côté, quelles sont les prochaines étapes, alors ? demanda Théophile maladroitement.

— La traditionnelle session de transparence des candidats, où les caméras des chaînes de télévision viennent dans mes domiciles filmer mes possessions matérielles, le grand meeting de cette semaine… Rien que vous ne puissiez trouver en ligne. Si vous le voulez bien, j'ai du travail. À la semaine prochaine. »

Théophile quitta la pièce, traversa le petit bureau d'Amélie sans lui adresser un regard et se mit immédiatement à recenser d'autres réunions militantes qui auraient lieu les jours suivants. L'une des plus importantes se déroulerait le soir même à Nantes. Cet entretien avait été une véritable tannée. En plus de perdre son poste de porte-parole en devenir, il avait sans doute perdu la confiance du candidat. Il était de plus en plus clair que l'or qu'il avait eu entre les mains à sa sortie de prison fondait comme neige au soleil. Et alors qu'il reçut un message d'Amélie auquel il ne répondit pas, il se mit en route pour la gare afin de rejoindre sa ville natale.

Il avait une sainte horreur du train. Ces transports en commun, très souvent insalubres, étaient devenus depuis une trentaine d'années le lieu le plus représentatif du manque de savoir-vivre ambiant. Théophile était assis dans un *carré* où deux sièges délavés et malodorants se faisaient face, et un chewing-gum mâché avait récemment été collé au centre de son fauteuil. Après avoir essayé de le retirer sans succès, Théophile avait dû se résoudre à poser un morceau de mouchoir dessus pour ne pas abîmer son costume. Il était côté fenêtre. La vitre était tellement sale qu'il était difficile d'apercevoir les paysages qui défilaient. À sa droite, une jeune fille maghrébine d'une quinzaine d'années avait mis ses semelles sur le bord de la table qui séparait les quatre sièges, genoux fléchis. Théophile se demanda un instant pourquoi elle n'avait pas rejoint, elle aussi, le Califat Nord de Seine, comme beaucoup d'autres. En face, une jeune mère et son fils de neuf ans, tout au plus. Le trajet devait durer deux heures quarante-cinq. Théophile pensa que les prochaines minutes seraient semblables à une éternité. Il eut raison de le croire. La jeune Maghrébine était au téléphone. La posture nonchalante, l'air hilare, elle parlait si fort que tout un chacun pouvait suivre ses échanges depuis n'importe quel point du wagon. Cette nuisance sonore ne perturba toutefois pas le jeune garçon d'en face, qui avait mis de la musique sur son mobile. Après quelques minutes, la jeune maghrébine s'incommoda du puissant volume de l'appareil de l'enfant. Elle lui fit vertement remarquer et l'insulta dans un mélange d'arabe et de français. La mère, gênée, demanda donc à son fils de diminuer le son. « Toi ferme ta gueule déjà », lui répondit-il. « S'il te plaît, Dylan… », supplia la jeune femme, complètement dépassée. Face à l'incapacité de cette mère à raisonner son fils, la Maghrébine se saisit alors du téléphone de l'enfant et coupa la musique *manu militari*. En réplique, le garçon lui cracha à la figure. Comme par réflexe instinctif, la mère mit une petite tape derrière la tête du jeune Dylan. Un silence de mort s'imposa, que vint rompre une voix un peu plus lointaine dans la voiture. « Non, mais ça va pas ? » ; « Vous êtes complètement folle ou quoi ? Frapper un gosse, mais soignez-vous bordel ! » s'exclama un autre. Une femme composa le numéro de la police tandis qu'une autre était partie chercher le chef de bord dans un wagon avoisinant. Plusieurs individus se levèrent pour aller à la rencontre de l'enfant, en pleurs, et pour le consoler. Puis, ils exigèrent sans sommation que la mère présente ses excuses à son fils. Elle s'exécuta immédiatement, elle aussi en larmes. Théophile, qui était resté spectateur inerte de cette scène, se dit alors qu'à bord des trains, rien n'avait changé.

À peine arrivé à Nantes, il se pressa pour atteindre le lieu de la réunion publique avant la nuit. Depuis plusieurs années, un certain nombre de communes, dont Nantes, avaient fait le choix « écoresponsable » de couper tous les réseaux d'électricité, y compris aux particuliers, après le coucher du soleil. De son côté, l'opposition réactionnaire pointait surtout du doigt l'incapacité de l'État à importer suffisamment d'énergie depuis les pays voisins, la France ayant fermé sa dernière centrale nucléaire quelques mois plus tôt. Dans toutes ces villes, « obscurité » rimait avec « insécurité ». Malheur à ceux qui s'aventuraient dehors la nuit.

La réunion publique avait déjà commencé quand Théophile pénétra dans la salle. Environ trois-cents personnes étaient assises devant une scène avec des responsables locaux du parti. L'un d'eux, qui avait l'air d'être le chef, s'exprimait au micro. Tout le monde l'écoutait attentivement.

« Bien sûr, il y a dans cette salle des militants réactionnaires qui n'ont pas voté pour M. Ruinet aux primaires. Mais il est maintenant notre candidat à tous, nous devons le soutenir avec force ! Nous avons de la chance de l'avoir comme porte-drapeau : c'est un homme clair sur sa ligne depuis le départ, intelligent, honnête, et très éloquent ! Il saura convaincre largement. »

L'orateur s'interrompit un temps, fixa Théophile du regard, arbora un grand sourire, puis reprit :

« Mesdames et messieurs, quelle surprise ! Je crois que nous avons l'immense honneur d'avoir la visite d'un héros de la liberté, bien de chez nous, nantais, monsieur Théophile Liviu ! »

L'assistance se dressa comme un seul homme et applaudit en cœur celui qui, au milieu d'eux, se dirigeait vers la scène. La foule scandait le nom de Théophile. C'était l'une des premières fois que l'attention était uniquement centrée sur lui, et non sur Pierre. Il jouissait. La foule reprit ses acclamations de plus belle alors qu'il montait les petites marches le conduisant sur scène, il leva les bras au ciel en forme de V. Après de longues secondes d'applaudissements, micro à la main, il s'adressa aux militants et les galvanisa.

« Nous allons gagner cette élection ! Il n'y a aucun doute, notre force est immense, notre volonté est infaillible, notre motivation est intarissable ! Tremblez, présidente Diallo, le régime vit ses dernières heures ! »

L'effet sur l'audience était remarquable. Une demiheure durant, Théophile avait le sentiment d'avoir retrouvé son éloquence et son charisme qui lui avaient pourtant fait défaut lors des entraînements avec le professeur Cornuaud. Comment pouvait-il être si bon sur scène, comme il l'avait été au tribunal, et si mauvais en plateau ?

Après ce discours improvisé, un fauteuil fut rajouté pour Théophile et une séance de questions-réponses entamée :

« Bonjour, monsieur Liviu. Merci d'être venus nous voir ! Que nous vaut l'honneur ?

— Je fais, à la demande de Pierre Ruinet, un tour de France de nos militants, pour galvaniser les troupes. Alors vous imaginez bien que je voulais commencer par vous, étant moi-même un enfant du pays !

— Comment est Pierre Ruinet en vrai ?

— C'est quelqu'un de très drôle figurez-vous. Il est aussi très humain, son accessibilité est surprenante, au début. »

Un autre demanda :

« Comment s'est déroulée votre détention ? Étiez-vous bien traité ?

— Je… Je ne préfère pas répondre à cette question s'il vous plaît, c'est un sujet encore sensible pour moi.

— D'accord, je comprends. Pouvez-vous nous donner plus d'éléments programmatiques précis ? »

Théophile, qui n'en avait froidement aucune idée, rétorqua, sûr de lui.

« Pas pour l'instant, je sais que Pierre tient à l'annoncer lui-même… Mais il y aura des surprises ! »

Après une heure de cet exercice intellectuellement éreintant, la réunion fut terminée et il avait acquis la conviction que Ruinet était très populaire chez les militants réactionnaires, en tout cas à Nantes. Il le lui dirait. Théophile sauta dans un taxi pour ne pas se promener de nuit dans Nantes et fut laissé à un hôtel où il regarda les informations.

Une nouvelle concernant Ruinet faisait la Une de toutes les chaînes.

« Coup de tonnerre dans la campagne ! Aminata Botha, la très célèbre mannequin française, apporte son soutien à Pierre Ruinet. C'est la première fois en vingt ans qu'une célébrité prend officiellement parti pour un candidat d'extrême droite néofasciste réactionnaire. Elle a déclaré ce matin que "monsieur Ruinet est vraiment trop beau et qu'il faut un peu de changement". Les principales maisons de mode ont annoncé rompre leurs contrats les liant au top model… »

La nouvelle n'était pas si surprenante. Théophile ne connaissait jusqu'alors pas le nom de cette femme, mais il voyait sa silhouette partout, à la télévision, sur les panneaux publicitaires, dans le métaverse. C'était l'une des égéries les plus en vogue. Elle répondait aux critères classiques des standards de la mode : pesant plus de cent-quarante kilos, avec des formes très affirmées, son militantisme pro *body positivity* appelant les femmes minces à s'assumer et se « trouver belles telles qu'elles sont malgré tout » lui avait attiré quelques ennuis avec des activistes de l'UII et du Parti Inclusif considérant sa parole comme « démonétisée », car « non concernée ». C'était un non-événement qui ne rapporterait pas de voix, mais au moins, ça faisait parler.

XII

Amélie pleurait.

« Excuse-moi. Je n'aurais rien dû dire à Pierre… Je sais que tu te sens trahi, comment je peux me faire pardonner ?

— Laissons passer du temps et surtout ne recommence jamais. Je suis ton compagnon officiel désormais, je dois pouvoir te faire confiance…

— Tu peux.

— Il y a bien un autre moyen de te faire pardonner… », répondit malicieusement Théophile.

Il se saisit alors d'une autorisation de consentement mutuel à l'acte sexuel, cocha la case « fellation », la signa et la donna à Amélie, qui soupira.

« Désolé, je sais que ça tombe mal, mais je n'ai pas très envie là… Et puis le chronomètre indique que j'ai aujourd'hui presque vingt minutes d'avance sur toi concernant les tâches ménagères. Tu devrais t'y mettre, on pourrait être contrôlés.

— D'accord, répondit-il dépité. J'ai trente minutes avant de partir. Je vais nettoyer les sols.

— Où vas-tu ? Nous sommes dimanche ! On avait des choses prévues !

— Tu sais, j'ai mon rendez-vous hebdomadaire avec mon thérapeute.

— Tu es sérieux ? Tu m'avais dit que nous irions voir papa aujourd'hui. Il se faisait une joie d'enfin te rencontrer… il avait même l'intention de te montrer sa collection.

— Sa collection ?

— Oui, tu sais, je t'en ai déjà parlé… la collection interdite de statues déboulonnées qu'il conserve et entretient dans sa cave. Il vient justement d'en récupérer une du général de Gaulle. Tant pis, ce sera pour une autre fois. C'est pas sympa de ta part.

— Je suis vraiment désolé.

— On va dire que ça fait un partout ! » répondit, amusée, Amélie.

Le ménage terminé, Théophile embrassa longuement sa compagne, sachant qu'il devrait assumer face à Tom n'avoir pratiquement pas vu Pierre et qu'il ne reviendrait peut-être jamais de cette séance avec son thérapeute. Il se mit en route pour la prison « comme les animaux devaient jadis se rendre à l'abattoir ».

À peine arrivé, Tom faisait une mauvaise mine. Parallèlement, Théophile était tétanisé.

« Alors ? Vous êtes-vous repris ? Racontez-moi un peu cette semaine. Vous avez dû passer du temps avec Ruinet, non ?

— Oui.

— Oui, et ? De quoi avez-vous parlé ? Comment vous a-t-il semblé ?

— Eh bien, on a principalement évoqué mon travail, il est assez satisfait, je crois…

— Et le sien ? Votre compagne doit bien vous faire un peu part de ce qu'elle voit ?

— Ça m'aiderait pour la thérapie ?

— Euh, oui, oui. C'est pour la thérapie. Répondez-moi.

— Et bien non, on a parlé boulot une seule fois, et elle tient vraiment à ce que ça ne se reproduise plus. On veut séparer nos deux cercles. Je peux la comprendre d'ailleurs, j'ai décidé de ne plus l'ennuyer avec ça.

— Écoutez-moi bien, petite merde, vous n'avez aucune importance, vous n'êtes rien, vous ne représentez rien. Vous avez été libéré pour nous donner des informations sur Ruinet et sa campagne, mais vous êtes incapable de réussir quoi que ce soit. Vous nous devenez inutile.

— Docteur, je ne comprends pas, répondit Théophile complètement paniqué.

— Fermez-la. Le dilemme est très simple : soit vous continuez à ne servir à rien et vous reviendrez ici pour pédaler et vous faire violer par Désiré qui n'attend que ça, soit vous nous rapportez des informations dont on puisse faire quelque chose, et alors votre liberté se poursuivra.

— Mais, et ma thérapie ?

— Vous avez le quotient intellectuel d'un bulot mort. J'ai rarement vu quelqu'un d'aussi con. Je pensais qu'il était suffisamment clair que nous avons un contrat tacite. On vous libère, vous infiltrez le parti de votre ami Ruinet, et en échange vous restez dehors. Mais puisqu'avec vous il faut tout expliciter, je le répète : la semaine prochaine, venez avec des informations sur Ruinet qui peuvent nous servir. Encore un mot de trop sur nos discussions ou la nature réelle de votre libération et vous pourrez vous préparer à mourir de faim sodomisé par Désiré entre deux séances éreintantes de vélo. Suis-je clair ? »

Théophile était en larmes. Sa libération n'était pas thérapeutique. Pas plus qu'elle n'était le fait d'une pression de Ruinet sur le gouvernement. Il s'était bien sûr douté que d'autres raisons avaient probablement conduit Tom à le sortir de prison, mais, en aucun cas, qu'il était un informateur du Parti Inclusif malgré lui, et que, sans même le savoir, il avait raté sa mission.

« Très clair, répondit Théophile.

— Allez, dehors. Revenez la semaine prochaine avec des informations utiles sur la campagne de Ruinet. »

La révélation des desseins véritables de Tom l'avait psychologiquement beaucoup atteint. Il était complètement perdu et se sentait profondément stupide. Avec le recul, en retraçant ses rencontres avec Tom, tout était tellement évident. N'importe qui l'aurait vu. Peut-être était-ce le fruit du lavage de cerveau qu'il avait subi pendant son incarcération. Quoi qu'il en soit, l'étau se resserrait terriblement. En rentrant chez lui, il se disait qu'il allait maintenant lui falloir jouer un double jeu : glaner des informations stratégiques de la campagne de Ruinet par tous les moyens tout en poursuivant son ascension au sein du Parti de la Réaction, et sans éveiller aucun soupçon. C'était ça, ou la prison à nouveau. Il avait bien sûr pensé à tout raconter à Pierre, pour qui son cœur penchait naturellement, mais c'était trop risqué. Son succès à l'élection présidentielle était loin d'être acquis : les premiers sondages prédisaient déjà une large victoire de la présidente sortante, qui serait ainsi réélue pour un cinquième mandat. Une existence infernale poursuivrait alors Théophile derrière les barreaux pour le restant de ses jours. Pour l'heure, seul le rôle d'agent double lui assurait encore sa liberté. Comme un enfant apeuré appellerait sa mère, Théophile écrivit à sa compagne pour qu'elle écourte sa journée de travail et le rejoigne immédiatement. Craignant une urgence vitale, Amélie s'exécuta.

« Mais que se passe-t-il enfin ? » demanda-t-elle à peine rentrée, posant à nouveau ses affaires sur la console proche de la porte.

À cet instant, il se souvint que rien de ce qu'il venait de vivre ne pouvait être dit. Paniqué, il mentit de sorte qu'Amélie ne s'énerve pas d'avoir dû abandonner son poste pour un simple caprice de son compagnon.

« J'ai eu une pensée suicidaire. J'ai voulu passer à l'acte et j'ai préféré t'écrire pour ne pas faire de bêtise.

— Oh mon Dieu ! Tu as bien fait de m'appeler. Mais qu'est-ce qu'il t'arrive ? Pourquoi ? Tu as des soucis ? C'est moi ?

— Non, ce n'est pas toi, évidemment. Je ne sais pas. J'ai repensé à ma détention et d'un coup, j'ai eu des idées noires. Maintenant, ça va mieux, tu es là. »

Il se blottit contre sa poitrine et se laissa caresser les cheveux par sa compagne. Elle était paniquée à l'éventualité d'une rechute, et lui proposa de s'accorder quelques jours de vacances. Courageusement, celui qui n'avait eu aucune intention suicidaire réelle depuis des mois refusa. La campagne devait passer par-dessus tout. Leur engagement comptait plus que son état mental. Petit à petit, la discussion changea de tonalité. S'y prenant comme un manche, Théophile, inquiet à l'idée de devoir glaner des informations sur Ruinet, se risqua à pénétrer une seconde fois dans la vie professionnelle d'Amélie.

« Bon, assez parlé de moi. Comment s'est passée ta journée ? Tu as dû assister au comité stratégique de ce matin pour en faire le compte rendu, non ?

— Ah non Théophile tu ne vas pas recommencer ! s'emporta Amélie en lâchant la tête de son compagnon, toujours blotti contre elle.

— Je ne te demande rien sur le fond de ton travail, juste si tout s'est bien passé !

— Stop. Arrête. Je ne dirai rien à Pierre, mais on change de sujet », lui répondit-elle avec un air particulièrement autoritaire et inhabituellement sévère.

Elle l'embrassa et chacun retourna travailler. Le lendemain, Théophile fit son entrée sur une scène lilloise dans le cadre d'une réunion publique devant quatre-cents militants. Même s'il commençait à s'y faire, les réunions se succédant, il aimait toujours autant être acclamé comme un personnage de premier plan. Il jouissait de sa notoriété acquise malgré lui en prison. À mesure que lui donnaient confiance ses bonnes prestations scéniques, dont malheureusement aucun membre éminent du parti n'avait jamais eu vent, il se laissait également aller à dire n'importe quoi. Surjouant sa proximité avec Ruinet, s'inventant un livre à paraître prochainement sur son expérience carcérale, Théophile était comme un poisson dans l'eau. Son intervention terminée, il se rassit sur scène, et un autre homme lui aussi prévu à la tribune prit la relève. L'animateur de la soirée le présenta.

« Chers militants, chers amis, je vous demande s'il vous plaît d'accueillir Acher Yacob, président de la communauté juive de France. Son témoignage très important nous oblige. »

Il arborait une kippa sur la tête et avait un âge avancé, au moins soixante-dix ans. C'était la première fois que Théophile voyait une personne de confession juive de toute sa vie. Curieux de ce qui allait suivre, il était attentif à ce que dirait l'orateur qui venait de lui succéder. M. Yacob débuta après la fin des applaudissements nourris de la foule réactionnaire.

« Merci à tous infiniment de votre accueil. Je suis très honoré d'être parmi vous. Je suis ici pour réitérer le plein soutien de la communauté juive de France à la candidature de M. Pierre Ruinet. »

Sur ces mots, les quatre-cents militants de la salle se levèrent et acclamèrent l'orateur. Théophile, bien qu'un peu jaloux du succès de M. Yacob, en fit de même. L'homme à la kippa poursuivit.

« Bien entendu, notre soutien ne sera pas d'une grande aide électorale puisqu'il n'y a plus que deux à trois-mille juifs en France, mais je crois que son importance symbolique est capitale. Notre peuple a souffert de longue date. Nos aïeux, les siècles passant, ont eu à subir les exodes et les persécutions. Ma génération n'a pas échappé à cette règle. La France, un pays qui était jadis accueillant pour notre communauté, s'est transformée en un demi-siècle en une terre de haine et de violence à notre endroit. De nombreux crimes antisémites ont été perpétrés, et des centaines de milliers d'entre nous ont dû s'exiler en Israël. Le gouvernement en place en porte une responsabilité majeure ! C'est lui qui a permis la propagation de la haine des juifs à travers des millions de musulmans, lui qui a laissé expérimenter en Europe une solution à deux États entre les musulmans et les autres. Nous leur en voulons. Ils disent souhaiter défendre les minorités, et pour cette raison, ils ont laissé s'installer une religion devenue majoritaire pour nous opprimer. Nous les sanctionnerons dans les urnes en votant réactionnaire. Pierre Ruinet a le discours le plus sensé. Il n'est en rien un fasciste, ainsi que le prétendent les journalistes, il plaide simplement pour un retour à la normale, à la paix, à la raison. Les pays développés comme la Chine ou Israël nous regardent avec effarement. Comment comprendre qu'une société qui a tant donné au monde se dissolve dans la pauvreté, la médiocrité et les lois liberticides ? Nous, Juifs de France restés ici, vous remercions du combat que vous menez. Jusqu'au bout, nous nous battrons pour que nos frères exilés puissent revenir sur cette terre de France. Le départ de nombreux musulmans dans le califat est un remède temporaire aux persécutions que nous subissons. Il dissimule peut-être de plus grandes violences à venir. La seule solution pérenne, c'est le vote Pierre Ruinet ! Je vous remercie. »

Une acclamation debout avait suivi son intervention. Théophile, qui n'avait pas nécessairement tout saisi, se redressa pour prendre Acher Yacob dans ses bras, puis éleva leurs mains en un signe de victoire. Une véritable communion se dégageait de la salle. Encore une fois, Théophile s'exaspérait qu'aucun cadre du parti ne soit présent pour immortaliser ce moment.

Galvanisé par sa prestation et par celle du président de la communauté juive de France, et un peu ivre à la suite du pot de l'amitié qui succédait le plus souvent aux réunions publiques, il se décida à envoyer un SMS à Ruinet.

« Bonjour Pierre, encore une super réunion publique. Les militants sont toujours à fond derrière vous. Un représentant des Juifs s'est exprimé. Ils vous soutiennent. Peut-être serait-il intéressant de le faire parler lors d'une réunion publique nationale ? »

Presque immédiatement après l'envoi, il reçut la réponse suivante :

« Bonne idée, je vais voir ça. »

Porté par son initiative réussie et par l'alcool déjà consommé, il tenta un coup de poker afin d'obtenir des informations intéressantes pour Tom.

« Par ailleurs, pensez-vous qu'il soit possible que j'intègre le comité stratégique ? J'ai beaucoup à apporter du fait de ma proximité avec les militants.

— Non. »

Cette réponse cinglante résonna comme un coup de canon pour Théophile. En trois lettres et par message, Ruinet venait de le frapper de son mépris et de le condamner une fois de plus à n'avoir rien à dire à Tom. Le risque, à nouveau, était de ne jamais ressortir de la prison où se déroulaient ses « thérapies ». Cela le terrorisait au point de revivre régulièrement son viol durant son sommeil. Cette fois-ci, Tom avait joué cartes sur table. Sans informations sensibles, Théophile resterait entre ces murs.

Finalement, le jour du rendez-vous tant redouté arriva. Théophile avait longuement hésité avant de s'y présenter. La possibilité de fuir la France avec Amélie l'avait même effleuré, mais il avait renoncé face aux très grandes difficultés à sortir du territoire. En effet, les autorités étaient très vigilantes à endiguer les départs massifs de Français qui avaient réduit de presque 10 % la population en vingt ans. De leur côté, tous les pays voisins conduisaient des politiques très strictes quant à l'accueil de migrants belges et français. Surtout, Théophile était maintenant un opposant politique, et son départ serait trop remarqué pour être réussi. Il élabora une autre stratégie afin de sortir de cette situation inextricable : puisqu'il n'y avait, malgré ses efforts, aucun moyen d'obtenir des informations, il allait les inventer. Après avoir pris une grande respiration, Théophile frappa finalement à la porte du bureau de son thérapeute.

« Entrez ! Bonjour Théophile, installez-vous. J'ai peu de temps, allons droit au but. Avez-vous des informations de nature à me satisfaire ?

— Vous n'allez pas être déçu ! s'exclama Théophile.

— À la bonne heure.

— Lors du débat du premier tour, Pierre veut lancer une offensive sur la présidente en particulier sur deux fronts...

— Oui ? » interrogea Tom, très intéressé.

Théophile n'avait aucune idée de ce qu'il allait dire dans quelques instants. Il s'était mis d'accord avec lui-même pour donner de faux renseignements, mais ne savait toujours pas lesquels. Il réfléchissait sans que cela se voie et, mentant à la perfection, il avança, l'air assuré :

« Ruinet attaquera la présidente sur son grand âge, puis sur sa gestion internationale, notamment avec le retour des musulmans au Califat Nord de Seine.

— Vous êtes sérieux ? Vous inventez, c'est évident. Ruinet est trop intelligent pour soulever la question de l'âge de la présidente, ça la rendrait sympathique tant le procédé est bas. De plus, les réactionnaires ont toujours favorisé la politique nationale pendant leurs campagnes, c'est bien plus rentable électoralement !

— Non ! Écoutez-moi, je vous l'assure, c'est ce qui a été convenu en réunion. Ces deux grands axes seront abordés. Mais je n'ai pas plus de détails. Je ne trahirais pas votre confiance, Tom, je ne prendrais pas un tel risque, je n'ai aucune envie de retourner en prison. Vous n'imaginez pas ce que j'ai dû faire pour apprendre cela. »

Théophile s'était montré convaincant. Dubitatif, Tom rentra dans une courte introspection. Il finit par dire :

« OK. On va faire comme si je vous croyais. S'il s'avère que vous m'avez menti, considérez ce jour comme votre dernier en liberté. Avez-vous repéré des fragilités chez Pierre ? Sa base lui est fidèle ? Y a-t-il des cadres réactionnaires frondeurs ? Aurait-il des casseroles bien dissimulées ?

— Ses militants lui sont très fidèles et l'admirent énormément. Les cadres sont au pas. Je n'ai pas identifié de scandale potentiel. Il est un adversaire redoutable pour nos idées.

— Nos idées ? répondit Tom, rigolard.

— Oui ! Pour qui croyez-vous que je roule ! s'offusqua l'ancien détenu.

— Allez, sortez », conclut le thérapeute, agacé.

En quittant la prison, il savait qu'il n'avait fait que gagner quelques heures en mentant de la sorte. Il faudrait un miracle pour que Ruinet se saisisse effectivement de ces sujets lors du débat de premier tour. Les choses empiraient. L'étau se resserrait encore un peu, au point de rendre la situation irrespirable. Plus tard dans la journée, et tandis qu'il avait déjà bien attaqué sa deuxième bouteille de Roederer, un bref SMS de Pierre l'arracha à ses pensées dépressives.

« Salut. Pas possible de te recevoir. Trop de boulot avec le débat. Débriefe-moi par SMS stp. Pierre. » Il prit le temps de relire cinq fois sa réponse à celui qui, visiblement, était passé au tutoiement, et plus seulement pour les médias.

« Gros meeting hier encore, tous les cadres locaux sont à fond. Les militants aussi. Tu es super populaire.

Les gens croient en ta victoire. Nos idées, grâce à toi, peuvent vraiment gagner ! »

Par la suite, il transmit une vidéo d'un morceau de son discours de la veille, comme pour montrer à Pierre qu'il était éloquent et lui prouver son activité. « OK, top. Merci. » Théophile eut instantanément le sourire. Il remontait clairement dans l'estime de son patron.

Le jour du débat du premier tour, Théophile avait décidé de regarder son candidat depuis un bar rempli de militants, privatisé pour l'occasion. Il faut dire aussi que personne ne l'avait invité, ni au QG ni ailleurs. Pendant ce temps, Amélie était, elle, directement en plateau pour suivre l'émission.

Les trois candidats à l'élection étaient présents, madame Diakité, candidate de l'Union Intersectionnelle Internationale, la plus progressiste de tous. Madame Rokhaya Diallo, la présidente sortante, issue du Parti Inclusif, âgée de quatre-vingt-quatre ans et au pouvoir depuis vingt ans, et enfin Pierre Ruinet, le jeune candidat réactionnaire. Une certaine tension était palpable et l'audience était considérable. Les premiers échanges furent cordiaux, d'abord tout en observation.

La première véritable attaque vint de madame Diakité.

« *Madame la présidente, vous avez tout renié de vos promesses. L'exercice du pouvoir vous a transformée en femme de droite. Si j'ai de la considération pour la Rokhaya Diallo des premières années, celle qui faisait voter la Loi Coffin, celle qui mettait fin à l'ancien régime de discriminations et de racisme systémique, je n'en ai plus pour la présidente qui, après vingt ans au sommet de l'État, n'a toujours pas mis un terme aux appropriations culturelles, en interdisant par exemple aux Blancs d'écouter et de jouer de la musique africaine ; n'a toujours pas coupé les relations diplomatiques avec des États racistes comme l'Italie, qui refusent chaque année à des milliers d'humains en détresse d'entrer sur leur sol !* »

Sentant que la tirade lui était très défavorable, la présidente Diallo, qui malgré son grand âge jouissait d'une parfaite santé physique et mentale, usa du respect qu'elle imposait naturellement pour interrompre sa contradictrice.

« *Madame Diakité, on ne gouverne pas une nation avec des incantations. J'ai déjà beaucoup fait pour rétablir l'égalité des sexes, des genres, des races et des orientations. Mais pour diriger un pays, il faut faire chaque chose en son temps, au risque de ne rien faire du tout. Vous êtes dans l'idéologie, je suis dans le réel. Je* fais, *au lieu de m'agiter comme vous. Par ailleurs, chère madame, êtes-vous en train de dire à nos compatriotes que vous souhaitez les priver de l'aide humanitaire que nous envoie l'Italie ? C'est une folie. Nous en avons besoin. Plutôt que de m'épancher sur vos élucubrations absurdes, j'ai ici une annonce à faire que je voulais réserver à ce débat. Si le peuple me fait à nouveau confiance, un nouveau train de réformes sociétales entrera en vigueur, dans la stricte logique de la continuité des précédentes. Elles sont pensées comme leur suite. En premier lieu, j'imposerai l'obligation de port de tenues asexuées pour toutes et tous, en tous lieux et en toute place. La performativité du genre est un fléau encore trop présent dans notre société.*

— *Je comprends bien l'idée, mais que faites-vous des transsexuels et des travestis ? Vous les invisibilisez ?* la coupa madame Diakité.

— *Si on m'avait dit que la candidate de l'UII confondait identité de genre et expression de genre, je ne l'aurais pas cru,* *rétorqua la présidente Diallo, marquant incontestablement des points sous les éclats de rire de tous les spectateurs du plateau.* *En second lieu,* reprit-elle, *par écoresponsabilité, j'abrogerai les dernières dérogations permettant de faire usage des services de l'aviation civile, notamment celle des départs en vacances et j'allongerai, en conséquence de l'augmentation du temps de trajet, les congés payés de sept à neuf semaines.* »

Après cette passe d'armes entre progressistes et les annonces choc de la présidente sortante, le présentateur donna la parole au candidat réactionnaire pour qu'il étaye ses propositions. Calme, il adopta une voix posée.

« *Je crois qu'il faut le dire, nous nageons en plein délire. Alors que des millions de Français souffrent de la faim, vivent dans la rue, alors que notre pays est devenu en lui-même insalubre, qu'il a perdu son statut de membre permanent à l'ONU et qu'il ne fait plus partie du G20, alors que des citoyens sont emprisonnés pour discrimination parce qu'ils émettent de simples préférences, les priorités de la présidente sont les tenues des gens et l'interdiction de voyager en avion pour partir en vacances !*

— *Bien sûr, pour vous, monsieur Ruinet, les discriminations ne sont pas un sujet, vous n'êtes mû que par votre haine de la différence et des minorités,* coupa madame Diakité.

— *C'est ridicule, je ne hais personne, mais il faut regarder les choses en face, il y a des priorités. Au sein même de notre pays, un califat hostile enclavé a vu le jour. Par la politique de madame Diallo, des millions d'entre eux sont partis en quelques mois rejoindre ses rangs, ce sont autant de bras qui pourraient demain nous combattre, et ce alors que rien n'a été fait pour notre armée, qui ne compte plus que cinq-mille soldats et très peu d'équipements.* »

À ce moment précis du débat, Théophile ressentit un grand soulagement. L'un de ses deux mensonges professés à Tom s'était avéré. Par une chance inouïe, Ruinet avait effectivement entrepris de parler du Califat Nord de Seine. Autour de lui, les militants du bar réagissaient à chaque phrase de leur champion comme ils le feraient pour un but de leur équipe de football.

« *Madame la présidente, un commentaire à la suite des propos du candidat d'ultradroite post-totalitaire ?* demanda l'animateur.

— *Je sais bien que monsieur Ruinet est un néofasciste fasciné par le militarisme et dévoré par sa haine des étrangers et des musulmans, mais voyez-vous, notre idéal de société, c'est la paix, pas les armes. J'ai par ailleurs beaucoup fait pour l'armée, puisqu'aujourd'hui, cinquante pour cent de nos soldats sont des femmes, cinquante pour cent des hommes et sur ce total, dix pour cent sont transsexuels. Quant à votre grotesque théorie complotiste d'une attaque du Califat sur notre sol, vous devriez l'enterrer au même endroit que votre racisme et votre intolérance.*

— *Madame la présidente, vous avez vidé la France d'une de ses grandes richesses : ses musulmans ! Votre politique ne les a pas assez pris en compte et ils quittent maintenant notre pays qui avait pourtant besoin d'eux,* réagit madame Diakité.

— *Vous avez laissé la France dans un tel état que plus personne ne veut y émigrer et que ceux qui l'ont fait s'en vont ! Je le répète, nous devons sérieusement envisager le scénario d'une guerre avec le Califat. Les visées expansionnistes et prosélytes du Calife Abou-Bédir ne sont pas à minimiser.*

— Jouer des peurs ne vous apportera pas une voix, monsieur le fasciste. Nous venons de signer un traité avec Sa Majesté le calife de Nord de Seine, qui tiendra sa parole. Du reste, les musulmans ont le droit de vivre où ils le souhaitent », conclut la présidente.

Le débat, abordant des questions moins polémiques, se poursuivit sur un ton plus policé une heure durant. À son issue, comme souvent, chaque camp vit son candidat être le grand vainqueur.

XIII

Plusieurs mois après le débat, les sondages étaient restés inchangés. Mme Diallo demeurait en tête avec 42 % des suffrages, suivie par M. Ruinet à 36 % et Mme Diakité à 22 %. Au second tour, la présidente sortante était donnée largement en tête avec 62 % des voix. Théophile le constatait, qu'il s'agisse d'Amélie ou des militants ruinistes qu'il continuait à rencontrer chaque semaine dans diverses villes de France : malgré une excellente campagne de Ruinet, les réactionnaires croyaient de moins en moins à leur victoire. Les sondages d'opinion se cristallisaient autour d'un scénario amenant inexorablement à un cinquième mandat de madame Diallo. Les entrevues avec Ruinet se faisaient de plus en plus rares pour Théophile. Parallèlement, si Tom avait pu être dupé par les mensonges de son « patient » les premiers mois, ces derniers commençaient à devenir visibles et il s'en était rendu compte. Théophile était une véritable planche pourrie dont il ne tirerait rien. Sa place chez les réactionnaires était très réduite malgré sa notoriété, elle se limitait à sa présence au premier rang pendant les meetings. Sa compagne, consciencieuse, ne lui disait rien qu'elle n'avait pas le droit de révéler. Étonnamment, le thérapeute faisait mine de croire, chaque semaine, aux fausses informations de Théophile. Ce dernier avait bien perçu la comédie jouée par Tom, mais n'en comprenait pas les raisons.

Arrivant devant le bureau de son médecin pour l'une de ses séances hebdomadaires, Théophile s'attendait à voir son ravisseur, comme à l'accoutumée, dans son fauteuil et souriant à moitié. Il était bien là, mais debout. À sa place habituelle, assise, impassible, se trouvait aujourd'hui la présidente de la République, madame Rokhaya Diallo. Sans dire un mot, elle fit signe à Théophile de s'installer. Impressionné et intimidé, Théophile salua la cheffe de l'État, l'œil tremblant. Il la scrutait attentivement. Elle était ridée, et faisait bien plus âgée qu'à la télévision. Plus ronde, aussi. Entièrement chauve, elle arborait ses deux énormes légendaires boucles d'oreille dorées représentant le continent africain. Son fard à paupières indigo ressortait immédiatement. Son habit, très coloré, était une grande robe ample aux motifs imprimés orange, jaunes et bleus. Son visage fermé ne permettait de distinguer aucune forme d'émotion ; une autorité naturelle se dégageait d'elle.

« Bonjour monsieur Liviu, je suis heureuse de vous rencontrer.

— Tout le plaisir est pour moi, madame la présidente, c'est un honneur, vraiment.

— Mon temps est précieux. Je ne vais pas y aller par quatre chemins. Je souhaitais vous faire une proposition en personne pour que vous compreniez l'importance de ce que je m'apprête à vous dire. Tom, que vous connaissez bien, vous expliquera les détails ensuite.

— Bien sûr, je comprends tout à fait, je ne voudrais pas vous retarder.

— Vous l'aviez compris, nous vous avons libéré pour que vous puissiez nous renseigner sur la campagne de votre camarade Pierre Ruinet.

— Oui, j'ai fait de mon mieux…

— Non, malgré la couverture médiatique dont vous avez bénéficié et vos liens particuliers avec Pierre Ruinet, vous avez lamentablement échoué et nous avez même menti pendant des mois. Pire, vous avez violé les obligations auxquelles était conditionnée votre libération. Je pourrais vous incarcérer sur le champ dans cet établissement. Mais ce n'est pas mon intention.

— Ah non ? Merci… balbutia Théophile

— Non. Je vous propose un marché, et vous donnerez votre réponse avant de quitter ce bureau.

— D'accord.

— Regardez la réalité en face, vous avez échoué. Politiquement, vous n'avez pas réussi à éclore, mais Tom me dit que vous êtes ambitieux. Je vous demande donc de retirer publiquement votre soutien à monsieur Ruinet au bénéfice de ma candidature. Bien que vous ne soyez pas parvenu à prendre de l'importance chez les réactionnaires, vous demeurez un symbole pour beaucoup d'entre eux. Votre défection, bien amenée et bien racontée, sera le coup de grâce pour Ruinet. L'effet peut être dévastateur. Regardez donc les sondages, ma victoire est acquise. Pour vous remercier, une fois que ce sera fait, en plus de vous maintenir en liberté, je vous nommerai secrétaire d'État auprès de la ministre de la Santé. En somme, vous entrerez au gouvernement. »

Un silence se fit. Théophile, scotché, fixait le vide tant et si bien qu'il fut impossible à ses interlocuteurs de deviner ce qu'il pensait.

« Théophile, reprit Tom, ce n'est pas un sauvetage politique que nous vous proposons. C'est une résurrection. Une nouvelle naissance. Nous trouverons aisément un moyen de justifier votre défection sans nuire à votre cohérence. Qu'en dites-vous ? »

Le cœur de Théophile palpitait. Il ressentait un mélange d'euphorie et d'anxiété. Il demanda :

« Combien de temps ai-je pour donner une réponse ?

— Madame la présidente s'en va, je la raccompagne. Je veux votre décision à mon retour », dit sèchement Tom.

Les deux laissèrent Théophile seul dans le bureau, sans lui dire au revoir. Des milliers de pensées le traversaient. C'était pain bénit, on lui servait ce dont il avait toujours rêvé sur un plateau : une place au gouvernement. La présidente avait raison sur un point : elle allait être réélue, cela ne faisait aucun doute. La proposition qu'elle lui faisait représentait en réalité sa seule chance de sortir positivement de toute cette aventure. Mais, en même temps, il allait être si difficile d'assumer les jugements et les regards réprobateurs des militants réactionnaires, de Pierre et surtout d'Amélie… Pourrait-elle comprendre ? Elle l'aimait énormément, c'est certain, mais elle était fidèle à Pierre et au Parti de la Réaction. Au fur et à mesure de ses pensées, Théophile se rendait compte qu'il avait déjà décidé. Il allait accepter. Seuls les détails visant à limiter les dégâts de l'annonce étaient, en fait, sujets à débat dans son esprit. Afin d'achever de se convaincre qu'il faisait le bon choix, il se répétait : *la politique, ce sont des sacrifices.* Ne dit-on pas qu'il faut être prêt à tout pour arriver au sommet ? À tuer ? À trahir ? Bien sûr que si. Au fond, Théophile était certain qu'il parviendrait à persuader sa compagne du bien-fondé de son ralliement à la présidente. Les ministres ont un grand confort matériel et du prestige, il voulait croire qu'elle y serait sensible. Quelle fierté ! Lui, l'enfant de Nantes, l'ambitieux de toujours, venait de se voir proposer un poste gouvernemental par la présidente de la République en personne. Il ne put réprimer son envie de se trouver génial. Il y a deux ans, jour pour jour, il n'était personne. Aujourd'hui futur ministre, célèbre, au cœur du réacteur politique de son pays, il jouait enfin les premiers rôles. C'était aussi une belle revanche sur Pierre Ruinet. Le réactionnaire ne lui avait jamais vraiment fait confiance, en ne le laissant pas occuper la place qu'il méritait au sein de la campagne et en le privant même de plateaux de télévision quelques mois plus tôt. *Il m'a sous-estimé, il va le payer.*

Le retour de Tom dans la pièce interrompit le florilège d'élucubrations de Théophile. Sans introduction, le thérapeute posa la question fatidique :

« Votre réponse ?

— Je suis votre homme ! »

Tom sourit de bon cœur, tapa amicalement l'épaule de Théophile et commença à lui expliquer les détails :

« Vous prenez une sage décision. Et permettez-moi d'être le premier à vous féliciter, monsieur le futur ministre. »

Sur ces mots, Théophile fut si flatté qu'il en vint à se retenir de crier de joie, tout en rougissant légèrement.

« Vous allez être amené à annoncer votre ralliement dans l'émission de télévision la plus importante du pays. Des millions de gens vous regarderont, il faudra être bon. Nous pensions faire cette annonce dans une semaine, à quinze jours du scrutin. Vous devrez vous préparer pour être à la hauteur de cette mission délicate. »

Cette nouvelle réjouissait moins Théophile, dont le souvenir des calamiteux exercices avec monsieur Cornuaud avait laissé quelques traces à l'ego.

« Votre professeur vous fera part du *storytelling* auquel nous avons pensé. Nous allons négocier le créneau avec la chaîne en question. D'ici là, continuez votre vie exactement comme si de rien n'était. Personne, j'ai bien dit personne, ne doit soupçonner votre trahison. Votre rôle dans la suite de la campagne s'arrêtera là. Une fois ce passage réussi et la présidente réélue, vous n'aurez plus qu'à attendre votre nomination au sein du gouvernement. Tout est clair ?

— Parfaitement clair. »

Le soir même, Amélie et son compagnon sirotaient un apéritif. Les discussions allaient bon train. À un moment, Théophile voulut prendre la température sans rien révéler de la proposition qu'il venait d'accepter. Il savait que chaque instant qu'il passait avec Amélie pouvait être l'un des derniers, bien qu'il caressait encore l'espoir de la garder auprès de lui après l'annonce faite de son ralliement à la présidente Diallo.

« Tu serais fière, si j'étais nommé ministre ?

— Évidemment ! Et tu le seras un jour, j'en suis sûre. Pierre et toi avez vécu tellement de choses ensemble. Il te nommera, c'est certain.

— Oui, mais pour ça il faudrait gagner…

— Si ce n'est pas cette fois-ci, ce sera la suivante. La présidente Diallo ne pourra pas se représenter à quatre-vingt-neuf ans ! Nos idées progressent, c'est long, mais on finira par gagner. »

Un silence s'imposa quelques instants, puis Amélie poursuivit :

« Je hais cette femme. Je hais leur idéologie. Je hais ce qu'ils ont fait de ce pays. Lorsque je vais à la librairie réactionnaire consulter des ouvrages interdits, je suis parfois émue aux larmes de voir ce qu'était la France du début du siècle, et avant. En terminant l'autre jour un livre de Marcel Pagnol, un auteur du XXe siècle, j'ai été nostalgique de ce pays léger, brillant et heureux que je n'ai jamais connu. Comment a-t-on pu en arriver là ? Pourquoi devons-nous vivre dans une époque si laide et si malheureuse ? Je suis une femme douce, tu me connais, mais je me prends à vouloir que tous les complices de ce gouvernement soient un jour traînés devant des tribunaux pour haute trahison. »

Une grande tristesse envahit Théophile. À chaque phrase du discours qu'Amélie venait de prononcer, il la sentait s'éloigner un peu plus. Leur relation n'y survivrait pas. Leur amour allait se transformer en haine. Elle était une idéologue et lui un ambitieux. Leurs chemins se sépareraient dans moins d'une semaine et elle n'en avait pas la moindre idée. La politique, ce sont des sacrifices.

Deux jours plus tard, il se rendit à une adresse qui lui avait été communiquée afin de préparer sa grande interview. Déjà, à cinq jours du moment fatidique, le stress le gagnait un peu. Il savait pertinemment qu'il n'avait en rien droit à l'erreur. En pénétrant dans une salle de cours sans fenêtres, éclairée par une puissante lampe sur pied dégageant une intense lumière blanche, il aperçut le professeur Cornuaud. Il n'en revenait pas et dut se retenir de ne pas immédiatement tourner les talons. Après s'être demandé s'il était tombé dans un piège, il lança un dramatique « Vous ici ! ». Le professeur, qui s'attendait visiblement à cette réaction, lui expliqua posément :

« Je suis un prestataire Théophile, pas un politique. Je réponds favorablement lorsqu'une proposition intéressante m'est faite. Je suis tenu au secret professionnel, que j'observe rigoureusement et mes clients apprécient cette qualité. Étant par ailleurs le meilleur dans mon domaine, je suis souvent sollicité. Asseyez-vous, nous avons du pain sur la planche.

— Savez-vous pourquoi je suis là ?

— Oui, évidemment.

— Aux dernières nouvelles, vous ne me pensiez pas capable d'assurer un plateau de télévision pour être porte-parole, dit Théophile un brin acrimonieux.

— Je le crois toujours. Et je suis d'autant plus inquiet qu'il ne s'agit pas cette fois-ci d'un petit plateau de chaîne info, mais bien de l'émission la plus puissante du pays.

— Quotidien·ne ?

— Oui, l'émission Quotidien·ne. »

Cette nouvelle ne réjouissait pas Théophile. L'émission Quotidien·ne cartonnait depuis plusieurs décennies grâce à son ton progressiste, moqueur et acide. Le plus souvent, des reportages étaient tournés auprès de gens moins sensibilisés à l'inclusion, par exemple en zone rurale. De fait, des journalistes venaient les piéger dans leur vie quotidienne, posaient des questions politiques de citadins et attendaient un dérapage dont la victime n'avait la plupart du temps même pas conscience. Puis des chroniqueurs très éduqués et très conscients expliquaient en plateau pourquoi ces comportements étaient problématiques.

Récemment, l'émission avait fait scandale après qu'un homme qui avait eu le malheur de dire que sa femme cuisinait mieux que lui a été harcelé, puis s'est suicidé. Il était déjà arrivé à Théophile de rire devant ce programme, mais il s'agissait là d'une émission dont il était préférable d'être spectateur que protagoniste. Cornuaud poursuivit :

« Votre chance est que c'est une émission très progressiste et favorable au régime. Or vous y allez pour annoncer votre ralliement. La meilleure façon de procéder est donc de jouer au repenti. Vous devez dire que vous avez pris conscience de nombreuses problématiques et surtout que vous avez assisté à des comportements inacceptables au sein du Parti de la Réaction. En particulier le harcèlement sexuel. Les gens n'ont aucune tolérance envers le harcèlement sexuel.

— Mais je n'ai rien vu de tel, dit, surpris, Théophile.

— Peu importe. Calomniez, il en restera toujours quelque chose. Le but est de marquer l'opinion publique, d'enfoncer Ruinet. Vous serez déjà ministre depuis longtemps lorsqu'ils auront été innocentés dans l'indifférence générale. »

Tout cela gênait un peu Théophile. Bien sûr, il le savait, *la politique, ce sont des sacrifices.* Mais porter des accusations mensongères si graves dans la plus grande émission de télévision du pays, ce n'était pas rien. Et sa douce Amélie ne lui pardonnerait jamais. Elle le haïrait du plus profond de son être. Il répondit à Cornuaud :

« Cela me dérange fortement. Je n'ai pas l'habitude de mentir.

— Mais de qui vous moquez-vous ? Vous n'avez fait que cela depuis des mois. Je vais être clair, je ne suis pas payé pour vous convaincre que c'est la bonne approche, mais pour vous préparer à ce que vous l'appliquiez efficacement dans cinq jours. »

Résigné, dépité, Théophile n'eut d'autres choix que de se fendre d'un simple « OK ». La nuit qui suivit, il ne ferma pas l'œil. Il la passa à pleurer et à serrer Amélie très fort dans ses bras, sans qu'elle s'en rende compte. Il en fut de même pour toutes celles d'après. Chaque seconde avec elle avait plus de valeur et, pour la première fois, il se disait qu'un poste de ministre ne justifiait peut-être pas un tel sacrifice.

XIV

C'était le jour J. Après des dizaines d'heures d'entraînements intensifs aux termes desquelles le professeur Cornuaud semblait plutôt confiant, sans être absolument convaincu, Théophile ouvrait les yeux en tant que réactionnaire pour la dernière fois. Il tourna sa tête et contempla Amélie qui dormait encore. Il l'embrassa, pour la dernière fois. À nouveau, il se mit à pleurer. Il la serra si fort qu'elle se réveilla.

« Tu pleures, mon amour ?

— Oui. Je t'aime. N'oublie jamais que je t'aime. Quoi que je fasse, quoi que tu entendes, sache que je t'aimerai toujours, que je n'ai jamais aimé comme ça et que je n'aimerai jamais que toi.

— Moi aussi mon amour, faut pas te mettre dans cet état ma chouquette ! »

C'était la première – et la dernière – fois qu'elle lui donnait un surnom. Dans un vent de panique mêlant espoir d'une réaction convenable à la trahison à laquelle il allait s'adonner et volonté de ferrer une relation condamnée, Théophile, les yeux encore embués, s'exclama de façon inattendue :

« Veux-tu m'épouser ?

— Mais enfin, de quoi tu parles ? Le mariage a été interdit il y a plus de quinze ans parce qu'il était considéré comme une institution bourgeoise et sexiste. Tu le sais très bien.

— Oui, je sais, je ne suis pas fou. Mais je connais un prêtre catholique à Nantes. Il célèbre des mariages clandestins. Ce sera notre secret !

— Je ne sais pas, mon amour… tu es une personnalité publique. Ça risquerait de se savoir et on pourrait mettre toute la campagne en danger. Reparlons-en plus tard, tu veux ? »

Théophile, déçu et la mine abattue, se prépara, but un café au lait, embrassa Amélie pour la dernière fois, comme si c'était la première, et partit sans lui donner d'explications. En route pour le plateau de Quotidien·ne, et alors que son invitation était tenue secrète jusqu'au dernier moment, un message de Pierre Ruinet s'afficha sur son téléphone.

« Ça fait longtemps. On se fait un débrief de tes observations terrain demain ? »

Il ne prit pas la peine de répondre.

Arrivant au pied d'une grande tour en verre détonante de propreté dans un paysage parisien aux allures de champ de bataille, un énorme trac le gagnait. D'abord, il passa un contrôle avec fouille au corps. Puis une hôtesse d'accueil le reçut à l'entrée.

« C'est pour quoi ?

— Je suis Théophile Liviu, invité de l'émission Quotidien·ne dans une heure.

— D'accord, suivez-moi », lui répondit l'hôtesse qui n'avait pas l'air impressionnée.

Après avoir parcouru une dizaine d'étages en ascenseur, les portes s'ouvrirent sur une agitation palpable.

Un autre homme vint le récupérer sans perdre de temps.

« Bonjour monsieur Liviu, suivez-moi, nous allons passer au maquillage. »

Installé dans un large fauteuil fixé, éclairé par dix spots lumineux et face à un miroir imposant, Théophile se regardait être maquillé. Il le savait, c'était probablement le zénith de sa vie. Pourtant, aucune joie réelle ne le traversait. Seule une infinie tristesse d'âme mêlée à un stress conquérant le dévorait. On le rendit physiquement méconnaissable en cinq minutes, puis on l'accompagna dans une loge à son nom. Une petite bouteille de champagne de trente-sept centilitres trônait là. Au moment même où il la déboucha pour se détendre, une voix féminine rassurante et préenregistrée résonna dans la loge « Passage plateau dans quinze minutes ». Il ne fallut pas longtemps à Théophile pour finir sa bouteille. Il se sentait déjà mieux. Alors que la voix fluette annonçait « Passage plateau dans cinq minutes », le visage d'Amélie, et celui de Pierre apparurent dans son esprit. Ses yeux étaient humides et sa détermination attaquée, mais il était de toute façon trop tard pour faire machine arrière. L'information quant à sa participation avait dû circuler, puisqu'il recevait des centaines de notifications sur son téléphone. Il eut envie d'appeler Amélie, sa jolie blonde, une dernière fois. Ce temps ne lui fut pas accordé. « Monsieur Liviu, suivez-moi s'il vous plaît, ça va être à vous. » Après une marche de quelques minutes, Théophile était debout, sur le côté du plateau, prêt.

Le lieu paraissait plus petit qu'à la télévision. Une grande table ronde, présidée par le présentateur star, Cléo, un homme d'une quarantaine d'années comme

Théophile, en bras de chemise, avec une cravate rouge et une paire de baskets blanches. Autour de lui, cinq chroniqueurs. Le sujet précédant son entrée sur le plateau se terminait en ces termes : « Voilà Cléo, pourquoi ce genre de comportement est toujours à combattre. Non, les transraciaux ne sont pas malades, oui il est possible de naître au Gabon et se sentir japonais. Ce paysan, au moins, le saura désormais ! » Après un long moment d'applaudissements, le présentateur lança le sujet suivant. « Nous accueillons maintenant un homme qui a défrayé la chronique ces derniers mois, il a d'abord été reconnu coupable de brunophobie et incarcéré pendant un an, soutien affiché de son ancien avocat le candidat néofasciste réactionnaire d'ultra droite conservatrice Pierre Ruinet, il s'explique aujourd'hui publiquement sur son parcours, et surtout, sur la suite ! C'est notre invité politique surprise de la semaine, on accueille Théophile Liviu ! » Peu applaudi, mais pas hué, Théophile fit son entrée sur le plateau de Quotidien·ne et s'installa sur la chaise prévue pour lui.

« Bonjour, Théophile Liviu !

— Bonjour Cléo, merci de votre invitation.

— Monsieur Liviu, vous avez quarante-deux ans, vous êtes un ancien médecin radié de l'ordre, condamné à vingt ans de prison pour avoir violé le chapitre pénal des crimes contre les principes de l'inclusion, vous êtes, jusqu'à maintenant, un soutien du candidat néofasciste Pierre Ruinet, et pourtant vous êtes aujourd'hui libre, face à nous, à la télévision. Comprenez-vous que cela puisse choquer ?

— Oui. Je comprends que les téléspectateurs puissent se poser la question. Néanmoins, j'ai été libéré sur décision médicale, et judiciaire, dans la plus stricte légalité, et je suis ici pour dire que j'ai changé. Énormément changé. Énormément appris.

— On attend de voir ! Bon, Théophile, entre nous, il y a des brunes jolies aussi, non ? » lança le présentateur, moqueur.

Hilarité dans l'assistance. Après une gêne mal dissimulée, et après que les derniers rires se sont taris, Théophile entreprit de répondre.

« Oui, bien sûr, ça va de soi ! Je n'ai jamais été brunophobe vous savez.

— Je vous arrête tout de suite monsieur Liviu, vous avez été libéré, mais êtes toujours reconnu coupable de brunophobie. Nous ne sommes pas ici pour faire l'éloge de vos crimes passés ni pour contester une décision de justice déjà prononcée. »

L'ambiance fut immédiatement plus pesante. Une chape de plomb s'abattait sur le plateau quand le présentateur reprit.

« À peine sorti de prison, vous avez affiché un soutien sans faille à Pierre Ruinet, est-ce toujours le cas ? »

Théophile avait travaillé ce moment précis toute la semaine. Il prit quelques secondes avant de répondre, afin de se remémorer les cours du professeur Cornuaud et se donnant ainsi involontairement un air réfléchi.

« Non », dit-il avec une extrême assurance.

À peine eut-il le temps de commencer à développer le premier mot de son argumentaire qu'un tonnerre d'applaudissements de tout le public du plateau, chroniqueurs compris, l'interrompit. Un large sourire apparut naturellement sur son visage.

Il était du bon côté de la barrière. Il était de ceux qui sont acceptables, de ceux qui sont avec le *bien*. Ce sentiment était agréable.

« Non, parce que j'ai vu des choses qui m'ont fait comprendre que le respect de tous, avec leurs différences, avec leurs particularismes, avec leurs sensibilités, avec leurs ressentis, était fondamental, reprit-il porté par les applaudissements qu'il venait de recevoir.

— À quoi pensez-vous, en particulier ? demanda Cléo.

— Vous savez… J'ai toujours aimé l'adversité. J'ai toujours cultivé une certaine forme de plaisir à être seul contre tous. Ce goût de l'incorrect, ce frisson-là, m'a poussé à me jeter dans les bras de Ruinet. Je l'ai regretté. Je l'ai amèrement regretté lorsque j'ai découvert des comportements… Comment dire… À l'image des idées réactionnaires.

— Vous nous faites peur ! Vous avez des révélations à faire ?

— Le harcèlement, notamment sexuel, est une pratique courante au QG de campagne de Pierre Ruinet. »

Un sursaut de dégoût accompagna ces paroles sur tout le plateau. Après une seconde de pause, Théophile poursuivit ses calomnies.

« Des mains aux fesses, des messages suggestifs, des viols, aussi… Ce qui se passe au QG électoral de Pierre Ruinet est innommable. Et moi, qui suis monté haut dans l'organisation du parti, je peux témoigner du fait que le candidat est, en partie, au courant de certains de ces agissements et qu'il les couvre.

— Vous portez des accusations très graves, reprit le présentateur, mais après tout, et bien qu'à ce stade la justice n'ait pas encore pu enquêter, devons-nous être surpris de pareils agissements ? »

Un des chroniqueurs présents sur le plateau estima utile de répondre.

« Non ! Bien entendu, un parti qui prêche la haine, le racisme, la transphobie, ne peut que couvrir de tels agissements. Faut-il rappeler que monsieur Ruinet juge opportun de revenir à l'ancien régime, celui qui avait institutionnalisé les discriminations ? Dès lors, pourquoi ne pas couvrir des agissements qui, s'il gagnait l'élection, seraient parfaitement légaux ? »

Cléo reprit la parole :

« Quelles conclusions en tirez-vous, Théophile ?

— Eh bien, en conséquence, je ne peux qu'apporter mon soutien à la présidente Diallo dans le cadre de l'élection qui se tiendra la semaine prochaine. J'ai bien entendu des désaccords sur certains sujets, mais je crois qu'elle est aujourd'hui la mieux placée pour protéger nos enfants des dérives totalitaires et fascisantes de la réaction. J'appelle donc tous ceux qui m'écoutent à faire barrage à Ruinet en votant Diallo dès le premier tour, dans quelques jours.

— Merci Théophile, de votre témoignage courageux. Vous le savez, nous ne cautionnons pas, chez Quotidien·ne, vos agissements passés, mais il faut toujours saluer la recherche de la vérité, alors merci d'être venu. »

Théophile quitta le plateau. À peine dans son taxi et très satisfait de sa prestation, il sortit son téléphone afin d'appeler le professeur Cornuaud et lui demander son avis sur l'émission. Il n'en eut pas le temps. Son appareil en main, des milliers de messages de haine apparurent. Qu'ils soient adressés directement à son numéro ou sur les différents réseaux sociaux, jamais il n'avait été destinataire d'autant de violence. Théophile savait que son ralliement à Diallo ne passerait pas inaperçu et qu'il lui attirerait par là même la colère des militants réactionnaires, mais sans doute n'avait-il pas saisi l'ampleur de son acte. Les mots clés en vogue sur le métaverse ce soir-là étaient « LiviuMenteur ». D'autres l'appelaient à renouveler son ultime tentative de suicide. Mais, le pire, ce fut le SMS d'Amélie. « Je te hais. » Pas un mot de plus, pas un mot de moins. « Je te hais. » C'était le dernier message qu'il recevrait de la seule femme qu'il avait aimée. Ruinet ne lui avait pas écrit. Étonnamment, cette avalanche de colère contre lui ne l'atteignait pas. Le message d'Amélie non plus. Il avait passé la semaine entière à faire son deuil, cela n'avait vraiment pas été aisé, mais le plus dur était derrière lui. Il fallait maintenant avancer. Il s'était préparé à ce que son ralliement fasse tanguer le navire. Tout cela ne serait pas vain. Théophile serait ministre. Au milieu des notifications qu'il recevait, un numéro masqué apparut. Théophile hésita, puis finalement décrocha.

« Allô ?

— Bonsoir, Théophile. Ici la présidente de la République.

— Bonsoir, madame la présidente, merci de votre appel !

— J'ai vu votre intervention ce soir. Beau travail.

— Merci, madame la présidente, c'est un honn… Allô ? »

La présidente Diallo avait déjà raccroché.

Le sourire lui revint. Sa mission était accomplie. Il n'avait plus maintenant qu'à attendre de récolter les fruits de son travail. Le taxi le déposa dans un très bel hôtel parisien cinq étoiles. Il avait décidé de ne pas retourner dans son appartement et d'y envoyer directement des déménageurs : pour ces derniers, une liste exhaustive de chacune de ses affaires avait été dressée. En effet, Amélie y vivait aussi et les lieux lui étaient mis à disposition par son nouvel employeur. Depuis plusieurs mois, le couple avait emménagé dans le trois-pièces du parti de la Réaction et il y avait fort à parier que son ex-compagne ne lui laisserait plus entrer un orteil chez eux. Théophile avait donc entrepris de passer la nuit dans cet hôtel de luxe. Après tout, il avait maintenant un peu d'argent de côté. La vente de son grand appartement nantais – désormais inoccupé – lui avait rapporté gros quelques jours plus tôt. En arrivant dans le hall du prestigieux établissement, il resta un temps immobile et contemplatif. Le luxe des lieux tranchait radicalement avec l'apocalyptique saleté parisienne. Des dorures ornaient tous les murs, un mobilier immaculé et épuré habitait élégamment l'espace. Peu après l'entrée, un large meuble d'accueil en noyer sautait immédiatement aux yeux. Étonnement, cet endroit de passage procurait un sentiment intime et avenant. En comparaison, la pauvreté dans laquelle se trouvaient la plupart des citoyens les ferait considérer cet endroit comme un paradis qu'ils ne voudraient quitter pour rien au monde. C'était aussi le cas de Théophile. De façon brutale, il fut sorti de son anémie méditative par la vue d'un visage familier. À quelques mètres, confortablement installée dans un agréable fauteuil du palace et buvant une coupe de champagne, se prélassait la magistrate aux cheveux bleus. Visiblement bien remise de sa mésaventure handiphobe, elle semblait attendre quelqu'un. Théophile baissa immédiatement la tête pour ne pas être reconnu. Il ne s'attarda pas et commença à se diriger vers sa suite. Sur le chemin des ascenseurs, il croisa sans être remarqué un éminent membre du gouvernement. Cette place n'était manifestement fréquentée que par des puissants et des dignitaires du régime. Finalement, arrivé à destination après une courte marche dans les couloirs de l'hôtel, il pénétra dans son éphémère domicile. La chambre était superbe et un jacuzzi privatif était à disposition. Il se plongea dedans. L'eau chaude lui rappelait les bains matinaux de son enfance. Il fit monter une bouteille de champagne, puis une seconde, puis une troisième et s'enivra, seul, du pouvoir et du prestige qui l'attendaient. Peut-être même qu'Amélie changerait d'avis le jour de sa nomination. Il fallait bien quelques semaines pour digérer cette nouvelle. Se couchant, plus aviné qu'à l'accoutumée, Théophile eut la tentation de regarder les informations, mais renonça, considérant avoir déjà assez subi son choix pour aujourd'hui.

Il le fit cependant le lendemain matin. Sans surprise, les chaînes d'information étaient en boucle sur la nouvelle. Les commentateurs y allaient à tout va.

« *Ruinet perd son symbole principal, c'est un véritable coup dur pour le candidat réactionnaire dont on se rappelle qu'il avait été révélé par l'affaire Théophile Liviu.* » « *Viols et harcèlement au Parti de la Réaction : la justice ouvre une enquête.* » « *Les sondages en temps réel indiquent déjà une perte de 3 à 4 points du candidat Ruinet. Cette affaire peut-elle remettre en cause son accession au second tour de l'élection présidentielle ?* » « *Toujours aucune réaction de la part du candidat réactionnaire, qui devrait sortir un communiqué de presse dans la journée.* » Théophile était surpris de l'ampleur que son départ avait prise, sachant qu'au sein des équipes de Ruinet, il ne représentait véritablement rien. Après avoir appelé la réception afin de finalement réserver la chambre d'hôtel pour trois semaines avec les fonds de la vente de son appartement nantais, le néo-progressiste ouvrit une bouteille de champagne. Pour l'occasion, c'était un *Cristal* de chez Roederer. Il s'ennuyait autant qu'il se sentait seul. Il est vrai qu'il n'avait plus rien à faire jusqu'à sa nomination, et plus personne à voir. « Cela ne durera pas », se disait-il. « Encore trois semaines et c'est réglé, je serai ministre. »

Vers 17 heures, un coup de massue frappa Théophile. Les notifications, qui s'étaient calmées quelque temps, reprirent brusquement en rafale. Se rendant sur Include, le plus important réseau social du pays, il découvrit la « top publication France », avec déjà plus de huit-cent-mille « j'aime ». C'était Amélie. « Alors, Théophile Liviu le menteur, qui harcèle qui ? » avait-elle posté, accompagnant son écrit de cinq photographies de formulaires de consentement mutuel à l'acte sexuel signés uniquement par Théophile à destination de sa compagne. Il s'agissait de certains de ces documents qu'il avait soumis à Amélie lorsqu'il avait envie d'elle pour le lui indiquer, en précochant certaines cases : fellation, sodomie, anulingus, pénétration – dans telle ou telle position. Il arrivait que cette envie ne soit pas partagée et l'initiative s'arrêtait là. Mais la réunion de plusieurs d'entre eux donnait un sentiment de harcèlement et de perversité répugnante. Dans un autre post tout aussi relayé, Amélie, pourtant jusqu'alors parfaitement inexistante sur les réseaux sociaux, détaillait : « Ce porc me proposait jusqu'à deux ou trois formulaires de consentement préremplis et signés chaque semaine, que je refusais. Le seul harceleur dans notre parti, c'était

LUI ! Le parquet de l'inclusion, à vous de jouer. » Sur Include encore, un influenceur à succès progressiste écrivait : « D'accord, donc maintenant les fachos prédateurs sexuels quittent le Parti de la Réaction pour la présidente Diallo ? On agit quand ? » Finalement, un communiqué de presse officiel du QG électoral de Pierre Ruinet fut publié. On retrouvait assez aisément la patte de l'avocat, sa défense étant impeccable.

« Je démens évidemment en bloc et en détails les accusations mensongères de M. Théophile Liviu. Cet individu, qui n'avait jamais eu de poste à responsabilité dans notre parti du fait de son incompétence, souhaite aujourd'hui nous nuire par opportunisme : grand bien lui fasse, nous laissons avec plaisir à madame Diallo le soutien de M. Liviu. Par ailleurs, deux plaintes ont été déposées à son encontre ce jour : l'une pour injure publique et diffamation, l'autre pour harcèlement sexuel. Nous ne sommes pas naïfs sur la nature réelle de cette ridicule tentative de déstabilisation. Je veux ici rappeler que rien n'entachera notre détermination à remporter l'élection présidentielle et sauver notre patrie de l'abîme où le Parti Inclusif l'a conduit depuis vingt ans. Vive la France ! »

En quelques heures, le Parti de la Réaction avait parfaitement réussi à inverser la tendance. C'était maintenant Théophile qui se trouvait dans une situation inextricable. Il paniquait, faisait les cent pas dans sa chambre d'hôtel, se rongeait les ongles. Et s'il s'était trompé ? Le sol se dérobait sous ses pieds, tout semblait lui échapper. Il voulait téléphoner à des gens du Parti Inclusif pour se rassurer, mais il n'avait que le contact de Tom, qui ne répondait à aucun de ses appels. Sa plus grande peur était maintenant que la présidente Diallo lui retire son futur poste de ministre en raison des nouvelles plaintes déposées contre lui. Théophile noyait sa crainte dans le champagne. Il avait passé la journée entre son verre, ses réseaux sociaux et les chaînes d'information en continu. C'est finalement plusieurs jours qui s'écoulèrent ainsi, jusqu'au premier tour de l'élection présidentielle.

Théophile n'avait toujours pas quitté sa chambre ni vu la lumière du jour. Il se faisait livrer sa nourriture et son alcool devant sa porte, et avait expressément demandé à ce que personne ne rentre. Il était important pour lui de rester seul pour rassembler ses esprits avant sa future prise de fonction. En ce jour particulier, il avait tout de même consacré un moment pour voter depuis son lit, sur son application sécurisée, pour la présidente Diallo. N'ayant eu aucune nouvelle d'elle et ses équipes et n'ayant vu aucune réaction officielle du parti de la présidente, Théophile se rassurait autant qu'il paniquait. Cette absence complète de contact avec son nouveau parti le rendait dingue. L'accord devait probablement toujours tenir. Il serait ministre. Il suffisait de laisser passer l'orage, qui déjà se faisait moins pressant. L'actualité s'était déplacée sur l'élection elle-même.

À 20 heures, Théophile était, comme tout le pays, scotché devant son écran, attendant la traditionnelle annonce des résultats, qui ne manquèrent pas d'arriver.

« *En tête, Rokhaya Diallo avec 41 % des voix ; qualifié face à elle pour le second tour Pierre Ruinet avec 32 % des suffrages ; est éliminée Mme Diakité pour l'Union Intersectionnelle Internationale avec 27 %.* »

Théophile était rassuré. Comme le répétaient d'ailleurs en boucle les commentateurs des divers plateaux, la victoire ne semblait pas pouvoir échapper à la présidente sortante : avec le report de voix de l'UII, le seuil des 50 % serait facilement dépassé. Aussi, comme tous les cinq ans, à 20 h 05, la candidate de l'UII, en l'occurrence, cette année, madame Diakité, prit la parole pour faire une déclaration solennelle.

« *J'appelle tous mes électeurs et plus largement tous mes concitoyens, à faire barrage au fascisme d'extrême droite représenté par monsieur Pierre Ruinet en votant sans hésitation pour madame Diallo. Nous avons bien entendu des désaccords que j'ai exprimés durant cette campagne, nous portons bien sûr un projet de rupture alors que la présidente est dans la continuité, mais notre main ne doit jamais trembler face au risque mortifère de l'idéologie extrémiste de haine et de mort. Je vous remercie.* »

Puis ce fut au tour de l'ancien avocat de Théophile de réagir aux résultats. Sur la scène depuis laquelle il déclamait son discours, on voyait Amélie, en arrière-plan, au milieu d'autres militants. Ils cachaient difficilement la déception qui était la leur, ils avaient espéré un bien meilleur résultat.

« *Chers amis, vous m'avez fait confiance en me portant au second tour de l'élection présidentielle. Je vous en remercie. N'écoutez pas les commentateurs, tout reste possible. C'est vous qui avez votre destin entre vos mains : vous pouvez encore choisir de vivre dans un pays sain, qui s'aime, se respecte et respecte ses citoyens en leur restituant leurs libertés.* »

La conviction n'y était pas. L'habituelle éloquence de Pierre n'avait pas pu opérer sa magie ce soir-là, et les applaudissements des militants présents dans la salle témoignaient de cette absence d'engouement.

C'était comme si les réactionnaires avaient déjà entériné leur défaite. La présidente Diallo, quant à elle, avait fait savoir qu'elle ne prononcerait pas de discours de premier tour pour se consacrer à la gestion du pays, mais qu'elle participerait bien au débat face à son adversaire.

XV

Cela faisait dix jours que Théophile n'avait plus quitté sa chambre d'hôtel. Il restait trois jours avant le débat du second tour et cinq avant le dénouement de l'élection. L'ennui, la solitude, le champagne et la télévision constituaient son quotidien. Sa langueur fut toutefois quelque peu stimulée par une actualité plus intéressante qu'à l'accoutumée. Un homosexuel du nom de Mahmoud, ressortissant du Califat Nord de Seine, s'était réfugié en France après avoir été surpris en pleine sodomie dans une petite rue de Saint-Denis. Il avait eu de la chance de pouvoir fuir la police avant l'arrestation : son partenaire gisait pour sa part dans une cellule en attendant son jugement. Le Calife Abou-Bédir, dans une adresse à la présidente Diallo, réclamait une extradition immédiate afin qu'il soit, lui aussi, poursuivi dans son pays. Depuis quelques mois, la théocratie musulmane enclavée en France se raidissait et son application de la charia était de plus en plus stricte. Il y avait fort à parier que Mahmoud serait exécuté en cas d'extradition. Les médias hexagonaux multipliaient les sujets sur cette actualité. De nombreux Français étaient estomaqués par la virulence communément partagée par les citoyens du Califat envers Mahmoud.

Regardant sa télévision, déjà ivre, mais encore maître de ses moyens, Théophile reconnut son ami Karim interrogé dans le cadre d'un micro-trottoir réalisé au califat. Il n'avait plus aucun contact avec lui, mais avait gardé une véritable tendresse à son égard. Son ancien codétenu était méconnaissable. Longue barbe, djellaba, galero sur la tête, l'ex-professeur d'histoire soutenait que la France n'avait rien à dire sur les lois de son pays, que Mahmoud avait manqué à la moralité musulmane du Califat et qu'il devait maintenant assumer ses actes. Théophile lâcha – et brisa – la coupe qu'il avait dans la main tant cette image le saisit.

Le jour même, l'Élysée publia un communiqué refusant l'extradition de Mahmoud au nom « des principes fondamentaux de la république inclusive, qui entend protéger les droits de « tou·te·s les individu·e·s quelles que soient leurs orientations sexuelles ou de genre ». Elle appelait aussi le Calife Abou-Bédir à comprendre cette décision au nom des « profonds liens d'amitié qui rassemblent la France, le Califat et leurs deux peuples qui longtemps n'en firent qu'un ». « Il n'y a qu'un seul peuple, la Umma Islamiyya », répondit sobrement le gouvernement dionysien. Dans la foulée de ces échanges diplomatiques, la présidente Diallo s'affichait à l'inauguration du « mémorial de la déportation des immigrés », en souvenir des expulsions massives d'étrangers que la France avait commises entre les années 1980 et 2030. Elle souhaitait sans doute par-là montrer que la crise internationale ne l'empêchait pas de gouverner. Les tensions avec l'enclave islamique ne firent que croître. Le lendemain, la télévision apprenait aux téléspectateurs que des troupes musulmanes se rejoignaient à proximité de la France, plus particulièrement aux villes frontières de Drancy, Bobigny, Noisy-le-Sec et Rosny-sous-Bois. L'émotion était grande dans tout le pays, la peur d'une guerre gagnait les foyers. Des sondages, publiés pour l'occasion, indiquaient que « 89 % des Français ne se disent pas prêts à se battre pour leur pays ». Des mouvements numériques et, dans une moindre mesure, physiques se levaient contre la guerre. « Donnez-leur Mahmoud ! » et « Pas de guerre contre nos frères » devinrent les phrases en tendance sur le réseau social Include. La présidente Diallo, qui n'avait jusque-là jamais eu à gérer la possibilité d'un conflit militaire, fit déployer en réponse l'intégralité de l'armée française, à l'exception des objecteurs de conscience – soit trois mille soldats, onze chars Leclerc vieillissants, trois canons CAESAR des années 20, mais aucun avion de combat, car trop polluants – à la frontière avec le Califat. Et alors que l'escalade était allée si vite que deux jours avaient suffi pour envisager un conflit, l'ONU vota une résolution à l'initiative de la Chine appelant à la paix en Europe occidentale. Si l'élection présidentielle avait été reléguée au second plan des préoccupations, la cote de popularité de la présidente en exercice s'effritait significativement. Le débat du second tour qui allait avoir lieu changea complètement de portée. À quelques heures de celui-ci, la nouvelle d'une mobilisation générale des jeunes musulmans du califat entre dix-huit et trente-cinq ans se répandait comme une traînée de poudre. Des images de familles françaises entières tentant de passer la frontière italienne se multipliaient. Théophile espérait que tout rentrerait dans l'ordre rapidement. Il avait, lui aussi, peur de la guerre, mais il craignait surtout que tout cela nuise à sa future nomination au poste de secrétaire d'État. Il ne put s'empêcher, au détour de divagations intellectuelles, de se dire qu'être ministre en temps de guerre était un bon moyen de s'illustrer aux yeux de l'histoire.

Lorsque le débat du second tour commença, une tension palpable régnait sur le plateau et à travers les écrans dans tout le pays. Les présentateurs jouèrent cartes sur table dès le début de l'émission. Il n'y aurait qu'un seul sujet de discussion : le califat. La présidente sortante fit d'abord un point de situation, se donnant un air de femme d'État et feignant d'ignorer la présence de son concurrent en face d'elle.

« *Je suis très claire depuis le commencement de cette crise. Ma politique repose sur deux axes : préserver la paix en jouant de diplomatie jusqu'au bout, et ne pas renier nos valeurs fondamentales en n'extradant pas le jeune Mahmoud, qui a parfaitement le droit de vivre sa sexualité sans être poursuivi pour cela. Nos troupes sont déployées pour garantir la sécurité du territoire en cas d'offensive, mais à ce jour, je veux rassurer tout un chacun, nos renseignements n'indiquent pas que le Calife souhaite effectivement passer à l'attaque. Il s'agit là d'un bluff visant à nous faire céder. Nos valeurs sont inébranlables.*

— *Vous nous assurez donc que le risque de conflit armé sur notre sol est contenu* ? insista le présentateur.

— *Absolument* », répondit-elle.

Pierre Ruinet se saisit alors de la parole sans demander l'autorisation :

« *Vous êtes comptable de cette situation, madame Diallo. Vous avez démantelé notre armée par idéologie et nous sommes aujourd'hui incapables de nous défendre. Vous avez laissé un pays hostile se développer au sein même de nos frontières et à présent ils nous menacent. Vous nous avez conduits là où nous en sommes. J'alerte sur tous ces sujets depuis des années. J'étais encore le seul à vouloir en débattre au premier tour et vous m'aviez ri au nez. Il est temps de donner à la France un président sérieux qui sauvera ce qui peut l'être. Il faut parler honnêtement aux Français, la situation n'a jamais été aussi grave pour notre pays.*

— *Mais que feriez-vous précisément si vous étiez élu, monsieur Ruinet ?* relança l'animateur.

— *Il faut préparer la guerre en sonnant à notre tour un appel à la mobilisation générale, que tous ceux qui peuvent s'engager pour leur pays le fassent. Il nous faut également acheter en urgence des armes. Parallèlement, nous devons tout faire pour l'éviter, et oui, je l'assume, extrader monsieur Mahmoud au Califat.* »

La présidente sortante, pleine de mépris pour ce qui venait d'être dit, répliqua :

« *Quel condensé de haine contre les musulmans et les homosexuels à la fois monsieur Ruinet !*

— *Non, votre cirque ne marchera pas cette fois-ci*, la coupa Ruinet. *Vous avez été prise la main dans le sac. La haine des homosexuels, ce ne sont pas les réactionnaires, mais bien les musulmans du Califat qui la professent et qui l'appliquent, ceux-là mêmes que vous avez toujours favorisés au point de leur laisser un peu de notre souveraineté. La haine des musulmans, elle n'existe pas, ce sont eux qui déclarent leur haine pour la faiblesse et le ridicule dans lesquels vous avez plongé la France.*

— *Au moins, vous n'avez pas peur des raccourcis. Tous les musulmans ne détestent pas les homosexuels. Votre projet, c'est la guerre, vous l'avez dit, moi je suis la candidate de la paix entre les Français et entre les nations. Je ne vendrai pas la vie d'un homosexuel. Nous protégerons Mahmoud.*

— Au détriment de tous. Vous avez accepté qu'un autre pays existe, acceptez maintenant qu'il ait une morale différente de la nôtre. »

Théophile était impressionné. Depuis sa chambre d'hôtel, lui qui allait être ministre de Diallo et qui avait été insulté publiquement par Pierre aurait presque eu envie de voter Ruinet. Il était, dans ce débat, de loin le plus convaincant. Les sondages en temps réel indiquaient d'ailleurs une très nette remontée du Parti de la Réaction autour de 47 %, mais pas de quoi véritablement inquiéter la réélection de la présidente. Le barrage à l'extrême droite avait toujours été un puissant levier. Théophile eut l'intuition que tout finirait par s'arranger. La guerre n'aura pas lieu. Diallo sera réélue. Il sera ministre la semaine prochaine et toute son épopée n'aura pas été vaine. Il célébra son intuition en terminant cul sec le tiers de champagne qui restait dans la bouteille entamée au début du débat.

Les deux jours qui le séparaient du second tour de l'élection étaient passés plus rapidement que les précédents. Sans doute la hâte de vivre l'allégresse de sa nomination avait-elle accéléré l'écoulement du temps.

Le jour électoral fatidique était venu. Réveillé aux alentours de 11 heures dans sa salle de bain, Théophile, avant toute autre chose, vota sur son téléphone pour la présidente Diallo. Avant midi, trois bouteilles de champagne avaient déjà été péniblement filtrées par son foie. Son esprit était très confus. Il appela la réception pour commander encore du champagne, chaque bouteille coûtant tout de même plusieurs centaines d'euros. Mais l'hôtesse lui signala que tout son argent

– qui provenait de la vente de son appartement nantais – était écoulé. Elle ajouta qu'il devrait quitter l'hôtel dès le lendemain si son compte n'était pas approvisionné. *Peu importe, un ministre, ça gagne bien sa vie.* La discussion conclue, on frappa à la porte. Il ouvrit. Deux femmes étaient là.

Elles affichèrent une mine horrifiée, et grimaçaient jusqu'à la caricature. L'une était très grande et avait un tatouage tribal sur la joue gauche. L'autre ressemblait étonnamment au top model Aminata Botha. Comme en apnée, cette dernière déclara :

« Monsieur Liviu, nous sommes enquêtrices au bureau des crimes sexuels de la préfecture de police. Nous venons vous interroger dans le cadre de la plainte qui a été déposée par votre ex-compagne à votre encontre.

— Euh, oui, je... bien entendu, entrez, dit-il très surpris.

— Monsieur Liviu, nous allons devoir prévenir la direction de l'hôtel de l'état de votre chambre.

— Et les services sociaux de votre état tout court, reprit l'autre inspectrice.

— Hein ? Mais pas du tout, je vais très bien, j'attends juste d'être ministre.

— D'accord... » répondit-elle très lentement.

Ayant un grand mal à s'exprimer, interrompu par son propre hoquet, il poursuivit tout de même.

« J'ai passé un pacte... avec la présidente Diallo et je vais être ministre donc, là, j'attends qu'elle m'appelle.

— Monsieur Liviu, vous tenez des propos délirants. Je vais devoir le noter à la procès-verbale. Ça n'arrangera pas votre cas. Vous n'êtes pas en état d'être interrogé. Nous reviendrons vous chercher demain avec les services dédiés. »

Les deux femmes étaient absolument estomaquées de ce qu'elles observaient. Son odeur corporelle était pestilentielle, Théophile vivait dans ses propres ordures, sous un amas immense de bouteilles vides, la pièce sentait le vieil alcool, le sol était en partie inondé par le jacuzzi, dans lequel flottaient des déchets plastiques ; il avait des ongles noirs et une barbe de trois semaines. Surtout, complètement ivre, il articulait avec la plus grande difficulté du monde.

Elles quittèrent la chambre occupée par Théophile, qui leur criait : « Je vous ferai enfermer quand je serai ministre ! Vous pouvez rien contre moi ! » Il rentra dans une forme de petit coma presque instantanément après leur départ. Quand il émergea, avec un horrible mal de tête, il était 19 h 59. Quel heureux hasard, se disait-il, à une minute des résultats ! Il alla prendre sa dernière bouteille de champagne au réfrigérateur, s'apprêtant à fêter cette étape importante vers sa future nomination. Les présentateurs de la chaîne d'information avaient un air pâlot et l'un d'entre eux entama le décompte.

« 5, 4, 3, 2, 1… Avec 50,21 % des voix, Pierre Ruinet est élu président de la République. »

MAGNUS
www.editionsmagnus.fr

© Éditions Magnus, 2023.

ISBN : 978-2-38422-036-6

Achevé d'imprimer en novembre 2023
par CPI Firmin Didot

— Dépôt légal : novembre 2023
Numéro d'impression : 177096
Imprimé en France
—